COURS COMPLET DE GÉOGRAPHIE
A L'USAGE
DES LYCÉES ET DES COLLÈGES

GÉOGRAPHIE GÉNÉRALE
PHYSIQUE ET POLITIQUE
DE
L'EUROPE

OUVRAGE
Rédigé conformément aux programmes de 1872
POUR LA CLASSE DE CINQUIÈME

PAR

E. CORTAMBERT

Président de la Commission centrale de la Société de géographie
Bibliothécaire de la Section géographique de la Bibliothèque nationale

NOUVELLE ÉDITION
ACCOMPAGNÉE DE NOMBREUSES GRAVURES INTERCALÉES DANS LE TEXTE

PARIS
LIBRAIRIE HACHETTE & Cie
BOULEVARD SAINT-GERMAIN, 79

1873

21791

GÉOGRAPHIE GÉNÉRALE

PHYSIQUE ET POLITIQUE

DE

L'EUROPE

OUVRAGES DE M. CORTAMBERT

Leçons de géographie, grand in-8............	6 »
Cours de géographie, avec de nombreuses vignettes. 1 vol. in-12......	4 »
Petit Cours de géographie, avec vignettes............	1 50
Petite Géographie générale, grand in-18............	» 15
Cours de Géographie, à l'usage des classes élémentaires de grammaire, d'humanités et de mathématiques, 12 vol. in-12, cart., accompagnés de nombreuses vignettes dans le texte :	
Notions préliminaires de géographie. Classe préparatoire, 1 vol.......	» 80
Géographie des cinq parties du monde : Classe de huitième, 1 vol.......	» 80
Géographie de la France · Classe de septième, 1 vol............	1 20
Géographie générale de l'Asie, de l'Afrique, de l'Amérique et de l'Océanie : Classe de sixième, 1 vol.	1 50
Géographie de l'Europe : Classe de cinquième. 1 vol..	1 50
Géographie de la France · Classe de quatrième, 1 vol.	2 »
Géographie de l'Europe : Classe de troisième, 1 vol..	2 »
Description particulière de l'Asie, de l'Afrique, de l'Amérique et de l'Océanie : Classe de seconde, 1 vol.	2 »
Géographie de la France. Classe de rhétorique, 1 vol............	2 »
Résumé de géographie générale, et Études complémentaires pour la géographie politique depuis 1848 : Classe de philosophie, 2 parties.........	4 »
Éléments de géographie générale : Classe de mathématiques préparatoires..	2 »
Géographie générale Classe de mathématiques élémentaires............	2 50
Cours de géographie à l'usage de l'enseignement spécial, 4 vol. in-18 jésus, cartonnés ·	
Géographie de la France (année préparatoire), 1 vol. in-12...........	» 90
Atlas correspondant, grand in-8, 12 cartes............	2 50
Géographie des cinq parties du monde (1re année), 1 vol. in-12........	1 50
Atlas correspondant, grand in-8, 37 cartes............	6 »
Géographie agricole, industrielle et commerciale de la France et de ses colonies (2e année), 1 vol.	2 »
Atlas correspondant, grand in-8, 22 cartes............	4 »
Géographie commerciale et industrielle des cinq parties du monde (3e et 4e années), 1 vol. in-12 (l'atlas correspondant en préparation)...........	3 »
Éléments de cosmographie, 1 vol. in-12 de texte et 1 vol. de planches, broché.	5 »
Chaque volume séparément............	2 50
Éléments de géographie physique, 1 vol. in-12 de texte et 1 vol. de planches, broché............	5 »
Éléments de géographie ancienne, in-12, cart............	1 »
Petite Géographie illustrée du premier âge, in-18, cart............	» 80
Petite Géographie illustrée de la France, in-18, cart............	» 80
Petit Atlas élémentaire de géographie moderne, 22 cartes coloriées, in-4. br.	» 90
Le même, avec la carte du département............	1 15
Le même ouvrage, accompagné d'un texte explicatif, in-4, br.........	1 10
Le même, avec texte explicatif et carte du département...........	1 35
Petite Géographie à l'usage des écoles primaires, in-18, cart., avec gravures.	» 60
Nouvelle Géographie pour les écoles primaires du département de la Seine ·	
N° 1, Cours élémentaire, in-18 cartonné............	» 50
N° 2, Cours moyen, in-12, cart............	1 25
Petit Atlas géographique du premier âge, 9 cartes coloriées, précédées d'un texte explicatif, grand in-18, cart............	» 80
Petit Atlas de géographie ancienne, 15 cartes, grand in-8, cartonné.....	2 50
Petit Atlas de géographie du moyen âge, 15 cartes, grand in-18, cart.....	2 50
Petit Atlas de géographie moderne, 20 cartes, grand in-8, cart........	2 50
Petit Atlas de géographie ancienne et moderne, 35 cartes, grand in-8, cart.	5 »
Atlas complet de géographie ancienne, du moyen âge et moderne, 50 cartes, grand in-8, cart.	7 50
Nouvel Atlas de géographie moderne, 60 cartes, 1 vol. in-4, cart.......	10 »
Atlas complet de géographie ancienne, du moyen âge et moderne, 100 cartes, 1 vol. in-4, cart.	15 »
Chaque carte séparément............	» 20
Les trois Règnes de la nature, avec vignettes, in-12, cart...........	1 50
Physiographie, in-12, br............	1 »
Le Globe illustré, 1 vol. in-4, avec 16 cartes et de nombreuses vignettes...	4 »

PARIS. — IMPRIMERIE DE E. MARTINET, RUE MIGNON, 2.

COURS COMPLET DE GÉOGRAPHIE
A L'USAGE
DES LYCÉES ET DES COLLÈGES

GÉOGRAPHIE GÉNÉRALE
PHYSIQUE ET POLITIQUE
DE
L'EUROPE

OUVRAGE
Rédigé conformément aux programmes de 1872
POUR LA CLASSE DE CINQUIÈME

PAR
E. CORTAMBERT
Président de la Commission centrale de la Société de géographie
Bibliothécaire de la Section géographique de la Bibliothèque nationale.

NOUVELLE ÉDITION
ACCOMPAGNÉE DE NOMBREUSES GRAVURES INTERCALÉES DANS LE TEXTE

PARIS
LIBRAIRIE HACHETTE & Cie
BOULEVARD SAINT-GERMAIN, 79
1873

TABLE DES MATIÈRES

GÉOGRAPHIE PHYSIQUE GÉNÉRALE DE L'EUROPE

SITUATION, CONFIGURATION ET CONTOUR.

Limites, mers, golfes et détroits.	1
Presqu'îles, isthmes, îles et caps.	2
Étendue de l'Europe.	6

RELIEF DU SOL.

Observations générales.	6
Alpes.	7
Apennins.	18
Montagnes de la péninsule Turco-Hellénique.	21
Monts Carpathes et Sudètes.	23
Montagnes du plateau de la Bohême.	25
Monts de Franconie, de Thuringe, du Harz, de Hesse et de Souabe.	26
Forêt-Noire.	27
Jura.	28
Vosges et monts Faucilles.	29
Plateau de Langres, Côte-d'Or, Cévennes, etc.	30
Pyrénées.	32
Monts Cantabres, monts Ibériques, Sierra Nevada, etc.	35
Monts Doîrines ou Alpes Scandinaves.	38
Montagnes des Îles Britanniques.	39
Montagnes de la Corse, de la Sardaigne, etc.	40
Montagnes d'Islande.	41

EAUX INTÉRIEURES.

Ligne de partage des eaux et versants.	41
Bassins maritimes et fleuves.	43
Lacs, marais et lagunes.	46
Climat, productions.	48

GÉOGRAPHIE POLITIQUE DE L'EUROPE

CONTRÉES PRINCIPALES.

Îles Britanniques.	53
Belgique.	58
Pays-Bas.	59
Grand-duché de Luxembourg.	60
Monarchie Scandinave ou Suède et Norvège.	60
Danemark.	62
Allemagne.	64
Empire Austro-Hongrois.	74
Suisse.	75
Italie.	79
Espagne.	88
Portugal.	92
Grèce.	93
Turquie d'Europe et principauté de Roumanie, etc.	97
Russie d'Europe.	103
Résumé statistique des divisions de l'Europe.	108

GÉOGRAPHIE HISTORIQUE

Grèce ancienne.	109
Italie ancienne et pays voisins.	117

FIN DE LA TABLE DES MATIÈRES.

EUROPE

GÉOGRAPHIE PHYSIQUE GÉNÉRALE

SITUATION, CONFIGURATION ET CONTOUR

LIMITES, MERS, GOLFES ET DÉTROITS.

L'Europe, placée dans le N. O. de l'ancien continent, à l'O. de l'Asie et au N. de l'Afrique, est une grande presqu'île, d'une forme très-irrégulière et aux côtes profondément découpées, qui s'allonge du N. E. au S. O., en s'amincissant dans cette dernière direction. Elle tient au reste du continent par deux côtés : à l'E., par le territoire des monts Ourals et du fleuve Oural, situé au N. de la mer Caspienne; au S. E., par l'isthme du mont Caucase, entre la mer Caspienne et la mer Noire. Elle s'étend du 35ᵉ au 71ᵉ degré, si l'on s'arrête au cap Nord; au 77ᵉ, si l'on y comprend la Nouvelle-Zemble; au 80ᵉ, si l'on y renferme le Spitzberg; entre le 13ᵉ degré de longitude O. et le 76ᵉ degré de longitude E. Cette partie du monde est comprise presque entièrement dans la zone tempérée boréale; une petite portion seulement appartient à la zone glaciale arctique.

Au N., l'Europe est baignée par l'océan *Glacial arctique*; à l'O., par l'océan *Atlantique*; au S., par la mer *Méditerranée*.

La mer *Caspienne*, au S. E., est une assez grande partie de sa limite.

L'océan Glacial arctique forme la mer de *Kara* et la mer *Blanche*.

L'océan Atlantique forme la mer *Baltique*, le *Cattégat*,

la mer du *Nord*, la *Manche*, la mer d'*Irlande* et la mer de *France*, appelée aussi golfe de *Gascogne* ou mer de *Biscaye*.

On remarque dans la mer Baltique les golfes de *Botnie*, de *Finlande* et de *Livonie* ou de *Riga*; — dans la mer du Nord, le golfe de *Zuider-zee*. — Au S. O. de la Grande-Bretagne, se trouve le golfe qu'on appelle *Canal de Bristol*.

La mer Méditerranée comprend la mer *Tyrrhénienne*, la mer *Adriatique*, la mer *Ionienne*, l'*Archipel* (anciennement mer *Égée*), la mer de *Marmara* (anc. *Propontide*), la mer *Noire* (anc. *Pont-Euxin*) et la mer d'*Azov* (anc. *Méotide*).

On distingue, dans la Méditerranée proprement dite, les golfes du *Lion* et de *Gênes*; dans la mer Ionienne, les golfes de *Tarente* et de *Lépante*; dans l'Archipel, le golfe de *Salonique*.

On passe de la mer Baltique ou Cattégat par les détroits du *Sund*, du *Grand-Belt* et du *Petit-Belt*, et du Cattégat dans la mer du Nord par le détroit du *Skager-Rack*.

On se rend de la mer du Nord dans la Manche par le *Pas de Calais*. — La mer d'Irlande communique avec l'océan Atlantique par le canal du *Nord* et le canal *Saint-George*.

On entre de l'Atlantique dans la Méditerranée par le détroit de *Gibraltar*.

La mer Tyrrhénienne est unie à la mer Ionienne par le détroit nommé *Phare de Messine*, entre l'Italie et la Sicile.

On passe de la mer Adriatique dans la mer Ionienne par le canal d'*Otrante*; — de l'Archipel dans la mer de Marmara, par le détroit des *Dardanelles* (anciennement Hellespont); — de la mer de Marmara dans la mer Noire, par le canal de *Constantinople* (anciennement Bosphore de Thrace); — et de la mer Noire dans la mer d'Azov, par le détroit d'*Iénikalé* ou de *Kertch* (anciennement Bosphore Cimmérien).

Les nombreux bras de mer qui s'enfoncent profondément dans les terres sont un des grands avantages de notre partie du monde : en y répandant une température plus égale et plus douce, en invitant les populations à communiquer entre elles par la navigation, par un commerce actif, ils ont puissamment contribué à placer l'Europe à la tête de la civilisation du globe.

PRESQU'ÎLES, ISTHMES, ÎLES ET CAPS.

Les côtes de l'Europe sont très-irrégulières, et forment beaucoup de presqu'îles.

Au N., on remarque la péninsule *Scandinave* et la péninsule *Cimbrique*, qui s'avancent l'une en face de l'autre, à l'O. de la mer Baltique. La première, qui est la plus grande presqu'île d'Europe, et dont les côtes occidentales sont découpées par d'innombrables *fiords* (étroits golfes), est jointe au continent vers le N. E. par l'isthme de *Laponie*, et la seconde s'y rattache au S. par l'isthme de *Holstein*. Le N. de la péninsule Cimbrique forme la presqu'île de *Jutland*.

A l'extrémité S. O. de l'Europe, est la péninsule *Hispanique*, unie au continent par l'isthme des *Pyrénées*.

Au S., on voit la presqu'île de l'*Italie*, qui a grossièrement la forme d'une botte, et qui se termine par la presqu'île de *Calabre*.

On remarque encore au S. la grande péninsule *Turco-Hellénique*, dont la partie méridionale forme la presqu'île de *Morée* (anciennement *Péloponnèse*), unie au continent par l'isthme de *Corinthe*.

Entre la mer d'Azov et la mer Noire, est la presqu'île de *Crimée* (anc. *Chersonèse Taurique*), jointe au continent par l'isthme de *Pérékop*.

L'Europe a un grand nombre d'îles :

Dans l'océan Glacial, au N. E., on voit la *Nouvelle-Zemble*, c'est-à-dire, en russe, *Nouvelle-Terre*, contrée encore peu connue, très-froide et inhabitée, qui paraît composée de deux grandes îles.

Sur la côte N. O. de la péninsule *Scandinave*, on rencontre les îles *Lofoden*, fort nombreuses et très-fréquentées par les pêcheurs.

Loin au N. de la même péninsule, est l'archipel glacé du *Spitzberg*, qu'on rattache presque indifféremment à l'Europe et à l'Amérique. Découvertes au XVIᵉ siècle, ces îles, hérissées de montagnes pointues, de rochers et de glaciers, ne sont pas encore entièrement explorées, malgré les voyages récents de Torell, de Nordenskiœld, etc.

Dans le N. O. de l'Europe, sont les *îles Britanniques*,

dont la principale est la *Grande-Bretagne*, l'île la plus considérable de cette partie du monde, et qui s'étend du N. au S. l'espace de 900 kilomètres; là aussi est l'Irlande (450 kil. de longueur), seconde île de l'Europe pour l'importance.

Baie de la Madeleine, au Spitzberg.

Les groupes des *Hébrides*, des *Orcades* et de *Shetland*, au N. de la Grande-Bretagne; les îles de *Man* et d'*Anglesey*, à l'O.; l'île de *Wight*, au S., font aussi partie des îles *Britanniques*, dont les îles *Anglo-Normandes* (*Jersey*, *Guernesey*, etc.), dans la Manche, sont une dépendance politique, quoiqu'elles soient physiquement françaises.

Loin au N. O., on voit les îles *Fœrœer*, et enfin l'*Islande*, grande île très-froide et volcanique, plus voisine de l'Amérique que de l'Europe, et qu'il convient de rattacher aux terres américaines.

Entre le Cattégat et la mer Baltique, se trouvent les îles *Danoises*, dont les principales sont *Seeland* et *Fionie*.

Dans l'intérieur de la Baltique, sont les îles d'*Œland* et de *Gottland*, près de la péninsule Scandinave ; les archipels d'*Aland* et d'*Abo*, à l'entrée du golfe de Botnie ; l'île de *Dago* et l'île d'*Œsel*, à l'E., et celle de *Rügen*, au S.

Dans la Méditerranée, on remarque, à l'E. de la péninsule Hispanique, les îles *Baléares* (*Majorque*, *Minorque* et *Ivice*), fertiles en bons fruits.

Près de l'Italie, sont les grandes îles de *Sicile*, d'une forme triangulaire ; de *Sardaigne* et de *Corse*, qui s'allongent du N. au S. ; les îles *Lipari*, groupe volcanique ; l'île d'*Elbe*, et celle de *Malte*, placée avantageusement dans la partie la plus centrale de la Méditerranée.

Sur la côte N. E. de la mer Adriatique, est l'archipel *Dalmate-Illyrien*, comprenant les îles *Veglia*, *Cherso*, *Pago*, *Brazza*, *Curzola*, etc.

Près de la péninsule Turco-Hellénique, on remarque beaucoup d'îles, dont les principales sont, à l'O., les îles *Ioniennes* (*Corfou*, *Sainte-Maure*, *Théaki* ou *Ithaque*, *Céphalonie*, *Zante*, *Cérigo*) ; — à l'E., dans l'Archipel, celle de *Négrepont* ou *Eubée*; — les *Cyclades* (*Naxos*, *Paros*, etc.); — — *Lemnos*, *Imbros*, *Samothrace* et *Thasos*; — au S., *Candie* (anciennem. *Crète*), la terre la plus méridionale de l'Europe.

Le cap le plus septentrional de l'Europe continentale est le *Nordkyn*, dans la péninsule Scandinave ; mais, plus au N. encore, dans une des îles Lofoden, on voit le cap *Nord*, sans parler des points extrêmes de la Nouvelle-Zemble et du Spitzberg, beaucoup plus septentrionaux.

A l'extrémité S. O. de la Grande-Bretagne, on remarque le cap *Land's End* ou *Finisterre*.

La pointe de *Corsen* termine la France à l'O., et se trouve dans le *Finisterre* français.

A l'extrémité N. O. de la péninsule Hispanique, est un cap qu'on nomme aussi *Finisterre*.

Vers l'extrémité S. O. de la même péninsule, on rencontre le cap *Saint-Vincent*, et, à son extrémité S., la pointe de *Tarifa*, qui est le point le plus méridional de l'Europe continentale.

A l'extrémité S. de la Morée, se trouve le cap *Matapan*.

ÉTENDUE DE L'EUROPE.

La longueur de l'Europe, du N. E. au S. O., depuis l'embouchure de la rivière *Kara* dans la mer de ce nom jusqu'au cap *Saint-Vincent*, est de 5400 kilomètres; du N. au S., depuis le cap *Nord* jusqu'au cap *Matapan*, on compte 4000 kilomètres. La superficie est d'environ 10 200 000 kilomètres carrés. C'est la moins étendue des parties du monde.

RELIEF DU SOL

OBSERVATIONS GÉNÉRALES.

Dans les soulèvements du sol qui lui ont donné sa forme, l'Europe a éprouvé un exhaussement beaucoup plus sensible au sud qu'au nord. De grandes et hautes chaînes de montagnes, des plateaux élevés, des côtes escarpées, se montrent au midi; tandis que les parties septentrionales s'étendent en vastes plaines, qui se prolongent sous des mers peu profondes, comme la Baltique et la mer du Nord. Les plaines se continuent dans l'est, et s'abaissent surtout vers la mer Caspienne, où elles sont de 25 à 30 mètres au-dessous de l'Océan. Avec cette région, le sol le plus déprimé de l'Europe est celui des Pays-Bas, qui, souvent au-dessous de la mer du Nord, n'est garanti contre les inondations de cette mer que par les digues que leur opposent les hommes et par les dunes qu'a élevées la nature.

Il faut remarquer, en outre, que, dans les chaînes de montagnes dont le sud est couvert si généralement, les flancs méridionaux sont bien plus abrupts et plus courts que ceux du nord, terminés ordinairement par des pentes douces, par des rameaux qui s'allongent vers les plaines en collines progressivement insensibles : les versants du sud sont, en même temps, dénudés et ravinés; ceux du nord, boisés, cultivés et peu ravagés par les eaux.

L'Europe n'a plus de volcans actifs que dans le sud. Le *Vésuve*, sur la côte occidentale de la péninsule d'Italie; — l'*Etna*, en Sicile; — le *Stromboli*, dans une des îles Lipari, ont de fréquentes éruptions.

L'Archipel est le foyer de mouvements volcaniques remarquables : souvent, et tout récemment encore, près de *Santorin*, des îlots s'y sont soulevés par l'effet de feux souterrains. En général, toute la région méditerranéenne est le centre d'une action puissante de la chaleur intérieure du sol, et les tremblements de terre y sont fréquents.

Les volcans éteints sont nombreux dans plusieurs parties de l'Europe (dans la France centrale, dans l'O. de l'Allemagne, etc.)

ALPES [1].

De toutes les montagnes d'Europe, les Alpes sont les plus importantes; elles sont comme le noyau de cette contrée, dans la partie centro-méridionale de laquelle elles s'étendent, en formant un arc immense, dont la convexité est tournée vers le nord. La chaîne principale est accompagnée de nombreuses branches, dont chacune a encore d'innombrables rameaux. Cette chaîne mère, dans sa situation générale, enveloppe au N. l'Italie et le bassin de la mer Adriatique. Elle commence dans le N. O. de l'Italie, au col d'Altare ou de Cadibone, où se terminent les Apennins; se dirige d'abord au N. O., puis au N., sur la frontière de l'Italie et de la France, jusqu'au mont Blanc; ensuite à l'E. jusqu'au pic des Trois-Seigneurs, se trouvant tantôt entre l'Italie et la Suisse, tantôt dans la Suisse même, tantôt dans l'empire austro-hongrois; enfin elle va au S. E. à travers le même empire et la Turquie, jusqu'au Tchar-dagh, d'où partent le Balkan et la chaîne Hellénique. Son développement, du col d'Altare au Tchardagh, est de 1800 kilom. La latitude moyenne est au 46ᵉ degré.

On appelle *Alpes Occidentales*, la partie de la chaîne qui

1. Voyez dans l'Atlas les cartes de détail : Suisse, France, Italie, Allemagne, Autriche-Hongrie, Turquie.

est renfermée entre le col d'Altare et le mont Blanc ; — *Alpes Centrales*, la partie qui s'étend du mont Blanc au pic des Trois-Seigneurs ; — *Alpes Orientales*, la partie comprise entre ce dernier pic et le Tchar-dagh.

Les **Alpes Occidentales** prennent trois noms particuliers : 1° Les *Alpes Maritimes* (parce que ce sont les plus voisines de la mer), du col d'Altare au mont *Viso* : le massif de l'*Enchastraye* en occupe à peu près le milieu. — 2° Les *Alpes Cottiennes* (du roi Cottius, qui régnait sur le pays voisin du temps des premiers empereurs romains), depuis le mont Viso jusqu'au mont *Cenis* : le mont *Genèvre* et le mont *Tabor* y sont compris. — 3° Les *Alpes Grées* ou *Graïes* (peu exactement nommées quelquefois Grecques, car leur nom vient du mot celtique *craig*, pierre), depuis le mont Cenis jusqu'au mont *Blanc* : le *Petit-Saint-Bernard* en est un des points remarquables.

Les **Alpes Centrales** ont aussi trois grandes divisions : 1° Les *Alpes Pennines* (du mot celtique *pen*, haute montagne), entre le mont Blanc et le mont *Rosa* ; c'est la partie la plus élevée de la chaîne : le *Grand-Saint-Bernard*, le mont *Combin*, le mont *Cervin* ou *Matterhorn*, la plus pointue, la plus inaccessible des cimes des Alpes, y sont renfermés. — 2° Les *Alpes Lépontiennes* (où habitaient les anciens Lépontiens), du mont Rosa au mont *Bernardino* ; au milieu, se trouve le mont *Saint-Gothard* ; dans l'O., le *Simplon* ; toute la partie orientale, à partir du Saint-Gothard, conserve son antique nom d'*Adula*. — 3° Les *Alpes Rhétiques* (ainsi appelées de l'ancienne Rhétie) ; entre le mont Bernardino et le groupe formé du pic des *Trois-Seigneurs* et du mont *Venediger* : le groupe de *Bernina*, entre la Suisse et l'Italie, et le *Wildspitze*, au milieu du Tyrol, en font partie.

Les **Alpes Orientales** sont également partagées en trois divisions : 1° Les *Alpes Carniques* (des anciens Carnes, qui ont en même temps laissé leur nom à la Carniole), entre le pic des Trois-Seigneurs et le mont *Terglou*. — 2° Les *Alpes Juliennes* (d'une route qu'y fit établir Jules César), entre le mont Terglou et le *Schneeberg*. — 3° Les *Alpes Dinariques* (ainsi nommées d'un de leurs sommets, le mont Dinara) ; qui se prolongent du Schneeberg au *Tchar-*

aagh, et dont le point le plus haut est le mont *Kom*, en Turquie.

Des branches rayonnent, en grand nombre, de la chaîne principale, dans les directions de l'O., du N. et du N. E., c'est-à-dire vers la France, la Suisse, l'Allemagne et l'Autriche ; mais peu s'étendent vers l'Italie, qui a devant elle une muraille de montagnes haute et nue, tandis que les peuples qui l'avoisinent arrivent à la crête de cette muraille par des plans inclinés, des plateaux et des contre-forts, qui ont favorisé leurs invasions dans la belle péninsule cisalpine.

Trois branches considérables s'avancent dans le S. E. de la France, en courant généralement du N. E. au S. O. Si l'on commence par le S., ce sont d'abord les **Alpes de Provence**, qui se détachent du massif de l'Enchastraye, séparent le bassin de la Durance de ceux du Var, de l'Argens, etc., et vont se terminer près du Rhône sous le nom d'*Alpines*. — Ce sont ensuite les **Alpes du Dauphiné**, bien plus élevées que les précédentes, partant du mont Tabor, s'avançant entre l'Isère et la Durance, et surmontées d'énormes massifs neigeux et revêtus de glaciers, comme le *Grand-Pelvoux*, le mont *Olan*, les pics d'*Arsine* et des *Écrins :* elles se répandent jusque dans le Comtat Venaissin, où le mont *Ventoux* est un de leurs rameaux. — Les **Alpes de Savoie** viennent après ; elles se séparent de la chaîne mère au mont Blanc, courent entre l'Isère et la partie supérieure du Rhône, et se terminent par les montagnes de la *Grande-Chartreuse*. Elles sont moins hautes que la branche du Dauphiné.

Une autre branche, commençant aussi au mont Blanc, se dirige au N. vers le lac de Genève, en formant la frontière entre la Suisse et la France, c'est-à-dire entre le Vallais et les parties de la Savoie nommées Faucigny et Chablais : ce sont les **Alpes Franco-Suisses** ou **Vallaisano-Chablaises**, dont la *Dent du Midi* est un des points culminants.

Le Saint-Gothard et le groupe d'Adula, qui en est une dépendance, sont le point le plus central et le nœud le plus remarquable des Alpes. C'est de là que se détachent le plus de branches, et que les eaux se rendent dans les directions les plus diverses : à l'O., dans la Méditerranée proprement dite, par le Rhône ; au S., dans l'Adriatique, par le Tessin ; au N., dans la mer du Nord, par le Rhin, la Reuss et l'Aar ; à l'E., dans la mer Noire, par l'Inn (qui ne naît pas, il est vrai, dans ce groupe même, mais à très-peu de distance).

La branche la plus importante qui se détache du Saint-Gothard est celle des *Alpes Bernoises*, courant de l'E. à l'O., entre le Rhône et l'Aar, et où se montrent les énormes masses du *Galenstok*, du *Finster-Aarhorn*, du *Mœnch*, de la *Jungfrau;* le mont *Diablerets* en est l'extrémité occidentale, vers le lac de Genève. Les glaciers les plus étendus de la Suisse couvrent les flancs de ces Alpes majestueuses.

Deux branches vont, au N. du Saint-Gothard, se répandre dans le centre de la Suisse : les *Alpes d'Unterwalden*, entre l'Aar et la Reuss ; et les *Alpes d'Uri* et de *Schwitz*, entre la Reuss et le Rhin ; le mont *Tœdi* en fait partie, et un rameau un peu écarté comprend le mont *Rigi*, qui s'élève au bord du lac de Lucerne, et d'où l'on jouit du plus magnifique panorama sur toute la Suisse centrale.

Des Alpes Rhétiques, au mont Septimer, se détache la branche des *Alpes des Grisons*, qui court au N. E. dans la Suisse orientale, entre le Rhin et l'Inn, avec des sommets assez élevés, comme le *Scaletta* et le *Selvretta*. Elles se continuent dans le Tyrol, du S. au N., sous le nom d'*Alpes du Vorarlberg*, puis dans le S. de la Bavière, de l'O. à l'E., sous le nom d'*Alpes Algaviennes*, toujours en séparant le bassin de l'Inn de celui du Rhin ; puis sous le nom d'*Alpes Bavaroises*, entre les bassins de l'Inn et de l'Isar.

Le *Rhæticon* est un rameau qui se rattache à cette branche, à l'O., en formant la limite entre la Suisse et le Tyrol.

Les Alpes Rhétiques envoient vers le sud, entre l'Adige et l'Adda, une branche très-haute sur la limite du Tyrol et de l'Italie : c'est celle des *Alpes de l'Ortles* et de l'*Adamello* ; il s'en sépare, à l'O., un rameau qu'on appelle *Alpes du Bergamasque* ou de la *Valteline*, au S. de l'Adda.

Des Alpes Rhétiques se détachent encore, vers le pic des Trois-Seigneurs, au N. E. et à l'E., des branches très-considérables qui vont couvrir le Salzbourg, l'archiduché d'Autriche et la Styrie. Ce sont : 1° les *Alpes Salzbourgeoises*, entre l'Inn et la Salza ; 2° les *Tours* (*Tauern*), masses énormes, dont le *Gross-Glockner* est le centre, et qui se prolongent au N. E. par les **Alpes Styriennes** et de la **Basse-Autriche** jusqu'au mont *Kahlenberg*, au bord du Danube; au N. N. E., par les **Alpes de la Haute-Autriche**; à l'E., par les **Alpes Noriques**, qui commencent au mont Ankogl et s'avancent entre la Mur et la Drave.

Les Alpes Carniques projettent vers l'Italie une branche importante : celle des **Alpes Cadoriques**, qui courent du N. E. au S. O., entre l'Adige et la Brenta; elles en dirigent une autre à l'E., entre la Save et la Drave : ce sont les **Alpes de Karawanka**.

Aux Alpes Juliennes se rattache le plateau âpre et nu de **Karst** ou **Carso**, qui s'étend dans le Littoral Illyrien, devant la presqu'île d'Istrie.

Sur une assez grande étendue, les Alpes font partie de l'arête européenne du partage des eaux entre le versant de l'Océan et celui de la Méditerranée. Elles ont dans cette arête les Alpes Bernoises, les Lépontiennes orientales, une petite partie des Rhétiques occidentales, les Alpes des Grisons, celles du Vorarlberg et une partie des Alpes Algaviennes.

Les grands cours d'eau qui descendent de ces montagnes sont : sur le versant océanique, le Rhin, l'Aar et son affluent la Reuss; sur le versant méditerranéen, le Rhône, l'Isère, la Durance, le Tanaro, la Stura, le Pô, les deux Doires, le Tessin, l'Adda, l'Adige, la Brenta, la Piave, le Tagliamento, et de grands affluents de droite du Danube : l'Isar, l'Inn, l'Ens, la Drave, la Save.

De nombreux et beaux lacs sont formés au pied des Alpes : lac de Genève, dans le cours du Rhône; lac de Constance, dans le cours du Rhin; lacs Majeur, de Lugano, de Côme, de Garde, dans le bassin du Pô.

De tous les sommets que nous avons cités, le plus haut est le mont Blanc (4810 mètres); le second est le mont Rosa (4636 mètres). Les points dominants ensuite sont : le Finster-Aarhorn (4360 mètres), le Mœnch (4200 mètres), la Jungfrau (4070 mètres), le pic des Écrins (4103 mètres), le Cervin (4000 mètres), l'Ortles (4000 mètres), le Grand-Pelvoux (3938 mètres), le Gross-Glockner (3890 mètres).

Des cols célèbres par le passage des armées ou par les

Le mont Blanc.

routes commerciales qu'on y a établies coupent les Alpes sur un assez grand nombre de points. Voyons d'abord ceux de la chaîne principale :

Après le col d'Altare ou de Cadibone, qui sépare cette chaîne des Apennins, et qui conduit de Savone à Turin, on remarque, dans les Alpes Maritimes, toujours en Italie, les cols de *San-Bernardo*, de *Nava* et de *Tende*, sur les routes d'Albenga, d'Oneille et de Nice à Turin; — le col de l'*Argentière* ou de la *Madeleine*, entre la France et l'Italie, sur la route de Barcelonnette à Coni ; — le col d'*Agnello*, sur la même frontière, entre la vallée du Guil (affluent de la Durance) et la vallée de la Varaita, affluent du Pô.

Le mont Rosa.

Dans les Alpes Cottiennes et Grées, toujours sur la frontière de France : le col d'*Abriès*, conduisant de Queyras à Pignerol ; — le col du mont *Genèvre*, qui unit la vallée de la Durance à celle de la Doire Ripaire, Briançon à Turin ; — le col de *Fréjus*, près du mont Tabor et à côté du tunnel du chemin de fer qui, franchissant les Alpes entre Modane et Bardonnèche, unit Chambéry à Turin ; — le col du mont *Cenis*, où Napoléon Ier fit faire une belle route qui a été longtemps la principale communication entre la France et l'Italie, mais qui est aujourd'hui délaissée depuis l'établissement de la voie ferrée ; — le col du *Petit-Saint-Bernard*, entre la vallée de l'Isère et celle de la Doire Baltée, entre

Moûtiers de Tarantaise et Aoste ; — les cols de *Seigne* et de l'*Allée Blanche*, sur le chemin de Beaufort (en Savoie) à Aoste.

Dans les Alpes Pennines : le col du *Grand-Saint-Bernard*, célèbre par son hospice et par le passage de l'armée française sous Bonaparte, en 1800 ; et le col de *Saint-Théodule*, près du mont Rosa, tous deux entre le Vallais et le Piémont, entre le Rhône et la Doire Baltée.

Dans les Alpes Lépontiennes : le col du *Simplon*, fameux par une belle route construite sous le gouvernement français et qui conduit de Brieg et du Vallais à Domo d'Ossola et au lac Majeur ; — le col du *Saint-Gothard*, en Suisse, entre la vallée de la Reuss et celle du Tessin, sur la route de Lucerne à Milan ; — le col du *Luckmanier*, où passe un chemin de fer de Coire à Bellinzone ; — le col du *Bernardino*, entre le Rhin postérieur et la Moesa (affluent du Tessin), sur la route de Coire à Bellinzone.

Dans les Alpes Rhétiques : le col du *Splügen*, entre le Rhin postérieur et la Maira (affluent de l'Adda), unissant Coire à Milan ; — le col de la *Maloia*, entre la source de l'Inn et celle de la Maira, sur une autre route de Coire à Milan ; — le col du *Stelvio* (en allemand Stilfs), entre la vallée de l'Inn et celle de l'Adda, sur la route très-fréquentée du Tyrol à la Valteline ; — le col du *Brenner*, où passe le chemin de fer d'Inspruck à Trente, de la vallée d'Inn à celle de l'Adige.

Dans les Alpes Carniques : le col de *Tarvis*, vers les sources de la Save et de la Filla (affluent du Tagliamento), sur la route de Villach à Udine.

Quant aux cols nombreux des branches et des rameaux, on distingue surtout : le col de *Lautaret*, dans les Alpes du Dauphiné, sur la route de Grenoble à Briançon ; — le col du *Bonhomme*, dans les Alpes de Savoie, près du mont Blanc, sur le chemin de Saint-Gervais à Bourg-Saint-Maurice, entre les vallées de l'Arve et de l'Isère : tous en France.

Le col de *Balme* et celui de la *Tête-Noire*, dans les Alpes franco-suisses, entre le Bas-Vallais et la vallée de l'Arve.

Dans les Alpes Bernoises : le col de la *Furca*, de la vallée de la Reuss à celle du Rhône, près de sa source ; — le col de

Grimsel, tout près de là, de la vallée de l'Aar à celle du Rhône ; — et la *Gemmi*, entre les mêmes vallées, passage très-fréquenté entre l'Oberland bernois et le Vallais, de Thun à Louëche.

Le col du *Brunig*, dans les Alpes d'Unterwalden, entre le lac de Lucerne et le lac de Brientz.

Dans les Alpes Noriques : le col de *Neumarkt*, traversé par le chemin de fer de Klagenfurt à Leoben.

Dans les Alpes Styriennes : le col du *Semering*, passage du chemin de fer de Gratz à Vienne, entre la vallée de la Mur et celle de la Leitha.

Dans le Karawanka : le col de *Neumarktl* ou du *Loibthal*, sur la route de Klagenfurt à Laybach.

Les Alpes sont célèbres par la variété de leurs sites et par leurs paysages pittoresques et grandioses.

Les masses de neige et de glace et les hauts rochers qui les surmontent présentent les formes les plus imposantes ; d'innombrables ruisseaux s'élancent de leur sein en écumant ou en formant des cascades. Mille autres curieux accidents de la nature y attirent les voyageurs ; mais souvent aussi de grands dangers les y menacent : ce sont tantôt de profonds précipices, tantôt des éboulements qui changent subitement une contrée riante en un chaos où sont ensevelis pêle-mêle les hommes, les troupeaux et les habitations ; quelquefois ce sont des débordements furieux de torrents, dont le lit a été tout à coup interrompu par des matières tombées du haut des montagnes ; souvent enfin, des avalanches, formées par les monceaux de neige qui se détachent des hauteurs et se précipitent au fond des vallées avec une impétuosité et un bruit effroyables.

Pour se garantir de ce redoutable fléau, on a construit beaucoup de voûtes maçonnées, et l'on a pratiqué dans le roc un grand nombre de cavités, où l'on peut se réfugier si l'on voit descendre une avalanche.

La chaleur du soleil, en été, fait fondre la surface des amas de neige qui couvrent les cimes les plus élevées, et cette neige fondue se transforme en glace : c'est ce qui produit les glaciers. Ceux-ci se fendent quelquefois avec un craquement qui se fait entendre au loin ; la partie supérieure, pesant sur les masses inférieures, les pousse et les force à descendre; cette descente, qui a fini par porter les glaciers jusque dans des vallées tempérées et fertiles, est de 4 à 8 mètres par an. Si l'on considère qu'elle a entraîné graduellement des portions de rochers sur des plans inclinés de 45 à 50 kilomètres de longueur, on peut juger du temps qu'il a fallu à certains glaciers pour s'étendre jusqu'aux places qu'ils occupent aujourd'hui. Les principaux sont ceux d'Aletsch et de Grindelwald, dans les Alpes Bernoises; du mont Rosa; du mont Blanc (Mer de glace, glacier du Géant, glacier des Bois).

Glacier d'Aletsch.

Il y a, sur les flancs des Alpes, d'excellents pâturages, où paissent d'innombrables troupeaux de belles vaches, de bœufs, de moutons et de chèvres.

La faune est très-variée : elle offre la belette, la fouine, le putois, le furet, l'écureuil, le lynx; des espèces très-nombreuses de gibier; le lièvre blanc; le hamster, qui donne une jolie fourrure; différentes martres, assez belles; la marmotte; des sangliers et des ours. Le chamois, qui devient chaque jour plus rare, est l'objet des recherches de chasseurs intrépides et des attaques du grand vautour des Alpes ou gypaète, que les Suisses appellent *læmmergeyer* (vautour des agneaux). Les corbeaux sont nombreux.

Le climat offre des variations infinies : un hiver perpétuel règne au sommet des Alpes; mais on jouit dans les vallées, surtout celles qui sont exposées au midi, de la température la plus douce; et l'on y cultive le tabac, les figues, les amandes, les châtaignes, les olives, la vigne: Il pleut beaucoup dans ces montagnes; il y tombe annuellement, terme moyen, 2 mètres d'eau : le mont Ortles est le point où la pluie est le plus abondante.

On peut diviser les Alpes en sept régions, sous le rapport de la végétation. La plus basse, ou celle des vignes, commence dans les vallées, au bord des rivières et des lacs, et finit à 560 mètres au-dessus du niveau de la mer. Plus haut, la région des chênes s'élève jusqu'à 935 mètres; au-dessus de ces arbres, commence la région des hêtres, qui règne encore à 1350 mètres; celle des sapins lui succède et s'étend jusqu'à 1835 mètres. Là commence la région alpine inférieure : les arbres y font place aux plus riches pâturages; elle s'élève à 350 mètres au-dessus; elle est dominée par la région alpine supérieure, qui s'élève à 560 mètres plus haut et qui a aussi des pâturages; elle conserve pendant toute l'année des amas de neige dans les places abritées du soleil. Enfin, au-dessus de celle-ci, la région des glaciers et des neiges éternelles commence à 2600, 2700, 2800 et même 2900 mètres, suivant les expositions ou la latitude. Ces deux dernières zones ne sont point tout à fait dépourvues de végétation : on y voit des saxifrages, des gentianes et d'autres plantes des climats hyperboréens.

Ces montagnes sont riches en pierres utiles, telles que le porphyre, le jaspe, le marbre, l'albâtre. Les formations granitiques sont la base des massifs occidentaux ; le calcaire compose particulièrement les parties les plus orientales : les Carniques, les Juliennes, les Dinariques et les Alpes de la Haute et de la Basse-Autriche. Il s'y trouve des métaux de toute espèce : le fer, le plomb, le cuivre, le zinc, le cobalt, le bismuth, l'arsenic, l'antimoine. Le cristal de roche y est commun; le soufre s'y rencontre souvent, et quelques rivières, comme le Rhin, l'Aar, l'Adda, la Reuss, charrient de l'or. Plusieurs vallées sont riches en bancs de lignite ou bois bitumineux et en tourbe, que l'habitant utilise comme combustible.

Il y a beaucoup de sources minérales.

APENNINS [1].

Les Apennins sont comme la suite des Alpes. Ils commencent au col d'Altare, courent d'abord à l'E. en traçant un demi-cercle autour du golfe de Gênes, sur lequel ils ont des pentes abruptes, tandis que les pentes du nord sont longues et douces; ils parcourent ensuite l'Italie centrale et méridionale, dans une direction générale du N. O. au S. E., et s'étendent jusqu'à l'extrémité de la Calabre, sur le Phare de Messine, au cap dell'Armi, en face de la Sicile, dont la chaîne principale est, pour ainsi dire, la continuation de la chaîne apennine.

Ces monts sont compris entre le 38° et le 45° degré de latitude N. Ils forment le dos de la péninsule Italique, et séparent le versant de l'Adriatique et de la mer Ionienne de celui de la Méditerranée proprement dite et de la mer Tyrrhénienne. Ils enveloppent au S. les vastes et fertiles plaines du Pô (dans le Piémont, la Lombardie, le Parmesan, le Modenais et la Romagne), et bordent à l'O. celles des Marches, de la Pouille; à l'E., celles de la côte de Toscane et de la Campagne de Rome. La longueur de la chaîne, en général très-sinueuse, est de 1600 kilomètres.

Les Apennins sont moins élevés et moins majestueux que les Alpes et envoient beaucoup moins de branches. La plus considérable est celle qui, sous le nom de *Sub-Apennin tarentin*, s'avance au S. E. dans la terre d'Otrante et aboutit au cap de Leuca. On distingue encore, à l'O., le *Sub-Apennin toscan*, qui va mourir dans les plaines basses des Maremmes; — le *Sub-Apennin romain*, qui se termine vers les marais Pontins; le *Sub-Apennin napolitain*, qui s'étend quelquefois en plateaux plutôt qu'en véritables montagnes, et qui comprend, entre autres, le plateau de *Bénévent*; — à l'E., le *Sub-Apennin garganien*, qui s'abais-

---

1. Voyez dans l'Atlas la carte d'Italie.

sant beaucoup à travers les plaines de la Capitanate, se relève avec le mont *Gargano*, grand promontoire avancé dans la mer Adriatique.

C'est au milieu de la péninsule que les Apennins occupent le plus de largeur; ils y forment le grand plateau des Abruzzes, au centre duquel est le bassin de l'ancien lac Fucino, desséché depuis peu de temps. Là aussi se rencontrent les plus hauts points de la chaîne : le mont *Corno* ou *Gran-Sasso d'Italia* (2992 mètres), le mont *Amarò* (2853 mètres), le pic de *Sevo* (2547 mètres), le mont *Velino* (2505 mètres), le mont *Meta* (2260 mètres). Un peu plus au N., sont les monts de la *Sibylle* (2500 mètres). Le mont *Voltore*, volcan éteint de la partie méridionale, doit encore être cité à cause de sa curieuse constitution géologique.

Les cours d'eau principaux qui descendent de ces montagnes sont : sur le versant de l'Adriatique, les deux Bormida (affluents du Tanaro), la Trebbia, le Taro, le Panaro, le Reno, affluents du Pô ; — le Rubicone, le Metauro, la Pescara, l'Ofanto, tributaires directs de l'Adriatique ; — sur le versant de la mer Ionienne, le Bradano, le Basento et le Crati ; — sur le versant de la Méditerranée proprement dite et de la mer Tyrrhénienne, le Serchio, l'Arno, l'Ombrone, le Tibre, qui est le plus grand des fleuves auxquels les Apennins donnent naissance et qui coule longtemps parallèlement à leur chaîne; puis le Garigliano, le Volturno (Vulturne).

De nombreux passages se trouvent dans les Apennins, et d'importantes routes les traversent. Remarquons d'abord que la chaîne est longée, en suivant le golfe de Gênes, par le défilé de la *Corniche*, dont une belle route et un chemin de fer parcourent l'étendue considérable. Le col d'*Altare* ou de *Cadibone* est sur la route de Savone à Turin. Le col de la *Bocchetta* franchit les Apennins entre Gênes et Alexandrie, et livre passage à un chemin de fer et à une route. Le col de *Pontremoli* ou de la *Cisa* est sur la route de la Spezia à Parme. La route de Florence à Bologne passe au col de *Pietramala* ou de la *Futa*, et, un peu plus à l'O. a été établi le chemin de fer qui unit aussi ces deux villes par Pistoja. Le col de *Fiorito* est le passage de la route et du chemin de fer de Rome à Ancône par Foligno. — Les routes de Rome à

Pescara, de Naples à la même ville et à Foggia, franchissent aussi des cols remarquables. Le fameux défilé des *Fourches Caudines* (aujourd'hui *Forchia* ou *Caudina*) est dans le Sub-Apennin napolitain, sur la route de Naples à Bénévent.

Le Vésuve.

La constitution géologique des Apennins est généralement calcaire. Il s'y trouve, surtout au N. O., des marbres magnifiques : ceux de Carrare, de la Bocchetta, de Florence, de Prato, de Sienne, de Porto-Venere, etc. Il y a aussi beaucoup de gypse, accompagné souvent de grands bancs de soufre, comme à Cesena. L'alun se trouve sur le territoire romain; le granite compose une partie des Apennins de la Calabre; des roches volcaniques s'offrent sur plusieurs points : au Voltore, dans le voisinage de Naples, sur le territoire romain.

Le *Vésuve*, seul volcan actif aujourd'hui de l'Italie continentale, n'appartient pas aux Apennins mêmes et forme une masse isolée, de 1198 mètres d'altitude, sur la côte occidentale de la presqu'île. D'autres montagnes du même pays lancent des vapeurs sulfureuses qui dénotent leur origine volcanique : telle est la *Solfatare*, près de Pouzzoles. Non loin de là s'est soulevé subitement, en 1558, le *Monte Nuovo*. Il y a dans le Modénais et la Toscane plusieurs collines connues sous le nom de *salses*, qui projettent des vapeurs aqueuses, du gaz hydrogène.

Dans les îles voisines de l'Italie, à l'O. et au S. O., l'action des feux intérieurs est manifeste. L'*Etna* est un volcan redoutable de la Sicile, et c'est le plus haut de l'Europe (3237 mètres). Le *Maccaluba*, dans la même île, a des éruptions boueuses. Le volcan de *Stromboli*, dans les îles Lipari, projette fréquemment des flammes et des laves; l'île de Vulcano, dans le même groupe, dégage des vapeurs sulfureuses. Les îles d'Ischia, de Procida, de Ponce, sont couvertes de débris volcaniques. L'île de Julia s'est soulevée du sein de la mer, vis-à-vis de Sciacca, en 1831; mais elle a disparu peu après.

Les Apennins n'atteignent pas les neiges éternelles. Sur les hauts sommets mêmes du plateau des Abruzzes, la neige fond au mois de juin. Mais ces sommets sont nus, décharnés et tristes; il n'y a pas de prairies dans les vallons qui descendent sur les flancs des parties supérieures de la chaîne : ils ressemblent à de grands ravins dont l'aspect est âpre et sauvage. Les pins, et un peu plus bas les hêtres et les chênes, sont les arbres qui s'avancent aux altitudes les plus considérables. Dans les parties basses apparaissent les vignes, les oliviers, les noyers, les cyprès, les arbousiers, les lauriers; enfin les orangers, les citronniers, et, dans les régions les plus méridionales, les caroubiers, les palmiers.

MONTAGNES DE LA PÉNINSULE TURCO-HELLÉNIQUE [1].

Au *Tchar-dagh*, où s'arrêtent les Alpes orientales, au centre de la péninsule Turco-Hellénique, commencent deux chaînes, dont l'une se dirige à l'E. et l'autre au S. Ces chaînes et leurs ramifications nombreuses s'étalent souvent en larges plateaux, dont le plus remarquable occupe le milieu même de la péninsule; elles s'abaissent quelquefois en terrasses, et sont coupées de ravins et de crevasses.

La première de ces chaînes sépare longtemps les tributaires

---

1. Voyez dans l'Atlas les cartes de la Turquie et de la Grèce.

de la mer Noire (Danube et ses affluents) de ceux de l'Archipel et de la mer de Marmara (bassins du Vardar et de la Maritza), et porte le nom général de **Balkan** (anciennement *Hæmus*). Elle se dirige de l'O. à l'E., en bordant au S. les grandes et fertiles plaines du Danube inférieur, et se termine sur la mer Noire par le cap Emineh. Au versant S. du Balkan, se rattachent le mont *Strandja*, qui se prolonge au S. E. jusqu'au canal de Constantinople, et le *Despoto-dagh*, l'ancien mont *Rhodope*, qui va se terminer vers le golfe d'Énos. — Une autre ramification aboutit au mont *Athos*, *Haghion-Oros* ou *Monte Santo*, célèbre par ses nombreux couvents grecs. — Au versant N. du Balkan, se rattachent le *Petit Balkan*, dans l'E. de la Bulgarie, et les montagnes de *Serbie*, qui s'avancent jusqu'au Danube, en face des *Carpathes méridionales* ou *Alpes de Transylvanie*, et qui forment, avec celles-ci, au passage de ce fleuve, le fameux défilé des *Portes de Fer*.

La chaîne du S. de la péninsule s'élève entre le bassin de l'Archipel et ceux de la mer Adriatique et de la mer Ionienne. On lui donne le nom général de **chaîne Hellénique**; elle passe par l'isthme de Corinthe, et se termine, par deux branches, aux caps Malio et Matapan. Les principales parties de cette chaîne sont le *Pinde*, jadis consacré aux Muses; le *Guiona*, haut de 2435 mètres, point culminant de la Grèce; le *Vardoussia*, le *Liakoura* ou *Parnasse*, le *Zagora* ou *Hélicon*, l'*Elatea* ou *Cithéron*, souvent cités par les anciens poëtes. — En Morée, on distingue le mont *Malevo*, dans la branche qui va au cap Malio, et les montagnes du *Magne* ou de *Pentedactylon* (l'ancien mont *Taygète*), dans celle qui se termine au cap Matapan. — Parmi les ramifications de la chaîne Hellénique, on distingue : à l'E., le mont *Lacha* ou *Olympe*, considéré par les anciens poëtes comme le séjour des dieux; le mont *Kissovo* ou *Ossa*, le mont *Zagora* ou *Pélion*, souvent nommés aussi dans les chants poétiques des Grecs; l'*Œta* ou *Saromata*, qui forme, avec le golfe de Zeïtoun, le fameux défilé des *Thermopyles*; les montagnes de l'*Attique*, auxquelles appartient le mont *Hymette* ou *Trelovouno*, célèbre par son excellent miel; — à l'O., les monts de la *Chimère* ou *Acrocérauniens*, qui se terminent au cap Linguetta, sur le golfe d'Avlone ; le *Ziria* ou *Cyllène*, dans le N. de la Morée ; le mont *Lycée* ou *Diaphorti*, dans le S. O. de cette presqu'île.

Dans la partie centrale de la péninsule Turco-Hellénique, est le mont *Rilo* (à peu près 3000 m.), vers le point où le Despoto-dagh se sépare du Balkan. — L'Olympe, la plus haute des montagnes de la partie méridionale, a aussi environ 3000 m.

Les plus hauts sommets des montagnes de la Turquie atteignent presque la limite des neiges éternelles ; ils sont sans neige quelques jours de l'année seulement.

Sur le versant N. du Balkan, le climat est froid, et les hivers sont rudes. Au S., la température est chaude dans les vallées, où croissent de nombreux et excellents pruniers, les orangers, les grenadiers, les figuiers, les oliviers, la vigne, le maïs, le riz, le blé, le sorgho, le lin, le ricin, le cotonnier, le melon, les pastèques, le tabac, les mûriers propres aux vers à soie ; les rosiers, cultivés pour la fabrication de l'eau et de l'huile de rose. Le chêne abonde sur les montagnes de la péninsule. La vallonée et la noix de galle sont deux productions importantes qui en proviennent. Les bois de construction du Balkan et de la chaîne Hellénique sont admirables.

Parmi les défilés nombreux qui coupent le Balkan, nous remarquons surtout celui de la Porte de Trajan, de Sophia à Philippopoli, et le Démir-Kapou, qui conduit de Tirnova à Slivno. Les routes qui traversent ces montagnes sont généralement mal tracées, mal entretenues, bordées d'âpres rochers, de ravins et de lieux déserts. Parmi les places fortes qui défendent le passage d'une chaîne si importante pour la protection de l'empire ottoman, Choumla, sur le versant N., est la plus redoutable.

De tous les défilés qui se rattachent à la chaîne Hellénique, le plus célèbre est celui des Thermopyles, entre le mont Œta et les marais de l'Hellada (Sperkhios), près et au S. du golfe de Lamia, sur la route de la ville de ce nom à Atalanti.

MONTS CARPATHES ET SUDÈTES [1].

Les monts *Carpathes* ou *Krapacks* forment, dans le centre

[1]. Pour ces montagnes et les suivantes, voyez dans l'Atlas les cartes de l'Allemagne et de l'Autriche.

de l'Europe, un vaste arc de cercle dont la convexité est tournée au N. E., et ils appartiennent entièrement à l'empire austro-hongrois ou à ses limites; ils enveloppent particulièrement la Hongrie et la Transylvanie.

Ils se divisent en quatre parties : 1° Les **Carpathes Méridionales**, ou **Alpes de Transylvanie**, qui commencent à la Porte de Fer, sur la rive gauche du Danube, vis-à-vis des dernières assises du Balkan, courent de l'O. à l'E., marquent la limite entre la Roumanie, d'une part, et la Hongrie et la Transylvanie, de l'autre, et se terminent au mont Lukotz. — 2° Les **Carpathes Orientales**, dirigées du S. au N., du mont Lukotz au mont Beskid, vers les sources du Dniestr et du San : elles sont sur la frontière de la Transylvanie et de la Moldavie et sur celle de la Hongrie et de la Bukovine ; elles séparent le bassin de la Theiss de ceux du Sereth, du Pruth et du Dniestr. — 3° Les **Carpathes Centrales**, ou **Carpathes-Beskid**, dirigées de l'E. à l'O , faisant partie de la grande arête du partage des eaux de l'Europe, entre le versant océanique et le versant méditerranéen, et séparant le bassin de la Vistule de celui du Danube ; elles se trouvent sur la limite de la Hongrie et de la Galicie, et comprennent le groupe important du *Tatra*. — 4° Les **Petites Carpathes**, ou les **Carpathes Occidentales**, qui s'étendent du N. E. au S. O., des monts Jablunka à la rive droite du Danube, en séparant les eaux de deux affluents de ce fleuve, la March et le Vag.

Les plus hauts sommets des Carpathes se trouvent dans le Tatra : les monts *Gerlsdorf* et *Lomnitz*, qui ont de 2700 à 2750 mètres, sont les pics culminants. Les monts *Negoi* et *Bucsecs*, dans les Alpes de Transylvanie, sont presque aussi élevés.

Des branches nombreuses se détachent des Carpathes. Les plus remarquables sont le *Fatra*, les monts de *Liptau* et le *Matra*, dans le N. de la Hongrie.

Parmi le grand nombre de cols qui donnent passage à des routes à travers la chaîne carpathienne, un des plus célèbres est le défilé de la *Tour rouge*, où passe la grande route commerciale et militaire entre la Transylvanie et la Valachie.

Les Carpathes sont généralement couvertes de forêts, où les

sapins et les pins dominent ; ces derniers se montrent jusqu'à 1200 et 1400 mètres. Il y a aussi de beaux pâturages, et beaucoup de richesses minérales : l'or, l'argent, le fer, le cuivre, le plomb, le sel gemme, etc. Les loups et les ours sont communs dans ces montagnes.

Au pied de la chaîne, s'étendent les plaines de la Hongrie, divisées en deux parties : la haute plaine au N., la basse plaine au S., et parcourues par le Danube et ses nombreux affluents : le Gran, la Theiss, etc. A l'O. de ces plaines, s'élève un groupe isolé de montagnes, le *Bakony-Wald*.

Aux Carpathes se joignent les monts **Sudètes**, qui se dirigent du S. E. au N. O., depuis les monts Jablunka jusqu'aux monts des *Hiboux* (*Eulen-Gebirge*) ; ils séparent la Moravie de la Silésie autrichienne, et s'avancent dans la Silésie prussienne. Ils font partie de la grande arête européenne du partage des eaux ; leur partie S. E., la moins haute, prend le nom de *Gesenke* (c'est-à-dire monts abaissés). Leur principal sommet est l'*Altvater* (le Vieux Père), de 1458 mètres.

MONTAGNES DU PLATEAU DE LA BOHÈME.

Quatre chaînes de montagnes qui entourent le plateau de la Bohème font suite, à l'O., aux Sudètes ; ce sont :

1° Les monts des **Géants** (**Riesen-Gebirge**), qui courent au N. O., entre les bassins de l'Oder et de l'Elbe, sur la frontière de la Prusse et de la Bohème ; leur point culminant est le Schneekoppe (1650 mètres) ; les *monts de la Lusace* en sont la continuation N. O.

2° Les monts **Moraves** (**Maerisches-Gebirge**), très-peu élevés, courant du N. E. au S. O., entre la Bohème et la Moravie, et appartenant à la grande arête européenne.

3° Les monts de la **Forêt de Bohème** (**Boehmer-Wald**), faisant partie aussi de l'arête européenne, et dirigés du S. E. au N. O., entre la Bohème et la Bavière. Ils ont des pentes douces du côté de la première, et des escarpements vers la dernière. En général, ils sont abrupts, coupés de gorges, de crevasses et de marais, couverts de forêts dans leur plus grande étendue, et n'offrent que des communications difficiles. Leur plus haut sommet est le mont *Arber* (1475 m.).

4° L'**Erz-Gebirge**, (**Montagnes des Mines**), dirigé du S. O. au N. E., entre la Bohème et le royaume de Saxe, et s'avançant jusqu'au défilé de Schandau, que franchit l'Elbe et qui les sépare des monts de la Lusace. Il est riche en mines, surtout du côté de la Saxe, où l'on exploite beaucoup d'argent, d'étain, de cobalt, de fer. Du côté de la Bohème, ces montagnes ont des sources minérales célèbres : celles de Franzesbad, de Carlsbad, de Sedlitz, de Pullna, de Tœplitz. Le *Keilberg* (1250 mètres) est le plus haut sommet de l'Erz-Gebirge.

MONTS DE FRANCONIE, DE THURINGE, DE HESSE ET DE SOUABE.

Un amas assez confus, et formé de chaînes et de groupes entrecroisés, d'une hauteur médiocre, occupe le centre de l'Allemagne. Le **Fichtel-Gebirge** (**Montagnes des Pins**) en est le noyau principal, formant un massif granitique de 1000 mètres d'altitude, dans le N. de la Bavière, entre le bassin de l'Elbe et celui du Danube, par conséquent sur le grand partage des eaux européen. Il renferme des mines de fer et de cuivre.

Les monts de la **Forêt de Franconie** (**Franken-Wald**) se détachent, au N., du Fichtel-Gebirge, et s'avancent entre les bassins de l'Elbe et du Weser; puis viennent les monts de la **Forêt de Thuringe** (**Thüringer-Wald**), situés entre les mêmes bassins et qui couvrent de leurs petits massifs pittoresques et boisés les riches duchés de Saxe; par des collines qui en sont la suite, on arrive au groupe du **Harz**, qui s'élève assez brusquement dans les pays de Hanovre et de Brunswick, et qui a pour point culminant le Brocken, célèbre par les effets météorologiques dont on jouit de son sommet (le *Spectre du Brocken*). Ce groupe possède d'importantes mines de fer, de plomb, d'argent, de cuivre et de zinc, et l'art du mineur y est porté à un remarquable point de perfection. L'Allemagne n'offre plus, au N. de ces montagnes, que de vastes et très-basses plaines.

Le **Rhœn**, le **Spessard**, le **Vogelsberg**, le **Taunus**, le **Westerwald**, le **Winterberg**, le **Teutoburger-Wald** (**Forêt Teutoburgienne**), sont des hauteurs médiocrement élevées, qui se montrent à l'O. du Thüringer-Wald, généralement dans les pays de Hesse, et forment de petits groupes entre le bassin du Weser et celui du Rhin, tantôt basaltiques et abrupts, tantôt agréablement boisés. Les sources minérales abondent dans cette partie de l'Allemagne : eaux de Kissingen, Nauheim, Hombourg, Ems, Nieder-Selters (Seltz), etc.

Enfin, du Fichtel-Gebirge encore, se détache, au S. O.; le **Jura Franconien (Franken Jura)**, espèce de plateau, suivi du **Jura de Souabe**, qu'on appelle aussi, mais moins justement, **Rauhe Alp (Alpes Rudes)** ou **Alpes de Souabe**, car, par leurs chaînons réguliers, parallèles et calcaires, ces montagnes tiennent plus de la nature du Jura proprement dit que de celle des Alpes. Ces deux massifs appartiennent à la grande arête européenne.

Au Jura Franconien se rattache le *Franken Hœhe* (les hauteurs de la Franconie), suivi de l'*Odenwald*, qui s'élève entre le Main et le Necker.

FORÊT-NOIRE.

Les montagnes de la **Forêt-Noire** (**Schwarz-Wald**), ainsi nommées de leurs sombres forêts de sapins et de pins, ont aussi d'autres arbres; dans leurs parties inférieures, elles sont revêtues comme d'un magnifique verger d'arbres fruitiers, au milieu desquels domine le merisier, dont le fruit distillé donne le kirschwasser. Les habitants de ces montagnes emploient avec intelligence leurs bois à la confection de pendules, de boîtes à musique, etc.

La Forêt-Noire couvre une partie considérable du grand-duché de Bade; et forme aussi la limite de cet État du côté du Wurtemberg. La partie méridionale appartient à l'arête européenne, entre le Rhin et le Danube, qui y prend sa source; le N. est tout entier dans le bassin du Rhin, dont la Forêt-Noire longe à droite la magnifique plaine.

Le point le plus haut de ces montagnes est le Feldberg (1550 mètres); le passage le plus fameux est le Val d'Enfer (*Hœllenthal Pass*), sur la route de Fribourg en Brisgau à Donaueschingen et à Schaffhouse. Des chemins de fer franchissent la chaîne entre Offenbourg et Villingen, et entre Carlsruhe et Stuttgart.

Les sources minérales de Bade, de Wildbad et quelques autres attirent beaucoup d'étrangers dans ces montagnes. De nombreux petits lacs et des marais entrecoupent certaines parties.

De faibles hauteurs, qu'on a quelquefois décorées du nom d'*Alpes de Constance*, continuent au S. E. la Forêt-Noire pour le grand partage des eaux, et vont se rattacher aux Alpes Algaviennes et du Vorarlberg.

JURA [1].

Le **Jura** est une remarquable chaîne calcaire, qui se dirige du N. E. au S. O., et se compose de plusieurs massifs parallèles et très-réguliers. Sa partie septentrionale est en Suisse, sa partie moyenne est sur la limite de la Suisse et de la France, et sa partie méridionale est entièrement en France. Dans ses deux premières divisions, il sépare le bassin du Rhin de celui du Rhône; mais, dans le sud, il se trouve complétement dans le bassin du Rhône, et s'avance entre ce fleuve et l'Ain, son affluent, à côté des basses plaines d'alluvions anciennes de la Bresse. Les plus hautes sommités du Jura sont le *Crêt de la Neige* (1723 m.), le *Reculet* (1720 m.), le *Colomby* (1691 m.), le *Grand-Crédo* (1624 m.), le *Grand-Colombier* (1584 m.), tous en France. Sur la frontière est la *Dôle*, de 1680 m. A la Suisse seule appartiennent le mont *Tendre*, la *Dent de Vaulion*, le *Chasseron*, le mont *Terrible*.

Le col de la *Faucille*, traversé par la route de Saint-Claude à Gex, est le principal défilé du Jura. On remarque aussi le col du *Val Travers* (dans le canton de Neuchâtel), où passe le chemin de fer de Pontarlier à Neuchâtel.

De belles forêts de sapins couvrent une grande partie du Jura; il s'y trouve de bons pâturages, avec des vaches laitières excellentes, et le fromage dit de Gruyères est un des produits importants de ces montagnes. Il y a des mines de fer et des sources salines (à Salins, à Lons-le-Saunier). Plusieurs lacs se trouvent au pied de ces montagnes : lacs de Genève, de Neuchâtel, de Joux, des Rousses et de St-Point.

---

1. Voyez dans l'Atlas les cartes de la France et de la Suisse.

VOSGES ET MONTS FAUCILLES [1].

Les **Vosges**, séparées du Jura par le col de Valdoye, s'étendent du S. au N.; elles commencent à peu près à la source de la Moselle, séparent cette rivière du Rhin, et s'avancent jusqu'en Allemagne. Elles sont généralement arrondies; voilà pourquoi plusieurs de leurs sommets ont reçu le nom de *Ballons*. Les plus élevés sont le *Ballon de Guebwiller* (1429 mètres), dans la partie de l'Alsace cédée à l'Allemagne; le *Ballon d'Alsace* (1250 mètres), situé à l'extrémité sud de la chaîne, sur la frontière de la France et sur la limite des bassins de la Moselle, de l'Ill (affluent du Rhin) et de la Saône, par conséquent sur la grande arête européenne; le *Donon*, au point le plus septentrional des Vosges de la frontière; le mont *Tonnerre (Donnersberg)*, dans le Palatinat.

La partie la plus septentrionale des Vosges est désignée sous le nom de *Hardt*.

Le versant oriental de la chaîne est plus abrupt que le versant occidental. De belles forêts de sapins, de merisiers, de chênes, de hêtres, couvrent les Vosges, qui possèdent aussi d'excellents pâturages, particulièrement dans la région élevée qu'on appelle les *Chaumes d'Alsace*. Une foule de rivières et de ruisseaux en descendent, et l'irrigation est parfaitement entendue sur les flancs de ces montagnes. De beaux grès, du porphyre, de la syénite et autres bonnes pierres y sont exploités. Les eaux minérales y sont abondantes : eaux de Bussang, de Soultz, de Soultzbach, de Soultzmatt, de Niederbronn, etc. Il y a de grands bancs de sel gemme dans la partie occidentale (à Dieuze, à Vic). Les trois lacs de *Gérardmer*, dans le bassin de la Moselle, se trouvent sur le versant O. des Vosges.

Les monts **Faucilles**, très-peu élevés, se rattachent aux Vosges, se dirigent de l'E. à l'O., et contribuent au grand partage des eaux, entre la Moselle et la Saône. Beaucoup de sources minérales les avoisinent : eaux de Plombières, de Contrexéville, de Luxeuil, de Bains, de Bourbonne, etc.

MONTAGNES D'ARGONNE, ARDENNES, EIFEL.

Aux monts Faucilles se rattachent, au N., deux chaînes :

---

1. Voyez dans l'Atlas les cartes de la France, de la Belgique et de l'Allemagne, pour ces montagnes et les suivantes.

1° La chaîne de l'**Argonne orientale** et des **Ardennes orientales**, qui sépare le bassin de la Moselle du bassin de la Meuse, d'abord en France, puis en Belgique, où elle s'étale en plateaux coupés de vallées abruptes. Elle passe ensuite en Allemagne, où elle s'éparpille à la gauche du Rhin en divers rameaux, dont le plus remarquable est l'**Eifel**. pittoresque massif volcanique. — 2° Les montagnes de l'**Argonne occidentale** et des **Ardennes occidentales**, continuées par les collines de l'**Artois**, qui se terminent au cap *Gris-Nez*, sur le Pas de Calais; elles séparent le versant de la mer du Nord de celui de la Manche.

Ces montagnes sont très-peu élevées, mais elles ne manquent pas d'un certain aspect imposant, surtout dans les Ardennes et dans l'Eifel. Des escarpements curieux, des grottes intéressantes, des forêts considérables, les distinguent; il y a d'importantes carrières d'ardoises, des marbres, des bancs de houille. Leurs pâturages nourrissent de bonnes espèces de moutons et de chevaux.

PLATEAU DE LANGRES, CÔTE D'OR, CÉVENNES, MONTS D'AUVERGNE, DU LIMOUSIN, ETC. [1]

Le plateau de **Langres**, partie de la grande arête européenne, fait la suite S. O. des monts Faucilles, et les unit à la **Côte d'Or**, qui renferme les sources de la Seine et sépare ce fleuve du bassin de la Saône. Cette chaîne doit son nom aux riches vignobles qui tapissent ses pentes orientales inférieures. Ses sommets sont rocheux et nus. Des bois s'étendent sur ses revers occidentaux. Le mont *Tasselot* (620 m.) est un de ses points culminants.

Elle s'arrête au S. à la dépression où passe le canal du Centre. Là commence la longue chaîne des **Cévennes**, qui a un développement de 500 kilomètres, et se termine au col de Naurouze, que franchit le canal du Midi.

Les Cévennes prennent du N. au S. les noms particuliers de montagnes du *Charollais*, du *Beaujolais*, du *Lyonnais*, du *Vivarais*, du *Gévaudan*, de *Cévennes proprement dites*, de monts *Garigues* (ainsi nommés d'un terme usité en Languedoc pour désigner un lieu aride), de monts de l'*Espinouse*. La

---

1. Voyez dans l'Atlas les cartes de la France.

montagne de la *Lozère*, au S. du Lot, les plateaux des *Causses* et du *Larzac*, et la montagne *Noire*, au S. du Tarn, se rattachent à leur versant occidental.

Leurs parties les plus hautes sont les montagnes du *Vivarais* et du *Gévaudan*, qui s'élèvent entre le bassin du Rhône et les sources de la Loire, de l'Allier et du Tarn. Les points culminants sont le *Mézenc* (1774 m.), la *Lozère* (1702 m.), le *Gerbier de Jonc* (1562 m.). Le mont *Pilat*, le point principal des montagnes du Lyonnais, à 1434 m.

Les Cévennes ont beaucoup de bois et de pâturages. Les châtaigniers y forment des forêts. On vante les bœufs du Mézenc et du Charollais, qu'on élève ou sur ces montagnes ou dans les plaines situées à leur base. Des vignobles renommés couvrent leurs pieds orientaux, du côté de la Saône et du Rhône. Des masses basaltiques s'y présentent en plusieurs endroits (au Mézenc, au Gerbier de Jonc, etc.). Il y a des parties granitiques, d'autres parties porphyriques.

On y exploite de riches mines de houille dans l'Autunois, le Lyonnais, le Gard. On y rencontre les eaux minérales de Saint-Galmier, de Vals, de Neyrac, de Bagnols, etc.

Les monts d'**Auvergne** se joignent aux Cévennes par la chaîne de la **Margeride**, et occupent le centre de la France, où ils couronnent un plateau assez étendu qu'on désigne sous le nom de **plateau central de la France**. Ce sont les plus hautes montagnes de l'intérieur de notre pays. Presque toutes de nature volcanique, terminées à leur sommet par des cratères encore évidents, mais éteints, elles sont alignées du S. au N., entre le bassin de l'Allier et celui de la Dordogne. On désigne généralement leurs sommets sous le nom de *Puys*. Les principaux sont : le mont *Dore*, dont le point culminant est le *Puy de Sancy* (1888 mètres); le *Plomb du Cantal* (1858 mètres); le *Puy de Dôme* (1476 mètres), qui est dans un rameau un peu écarté de l'arête principale des montagnes d'Auvergne, et avancé entre l'Allier et la Sioule, son affluent : ce rameau est désigné sous le nom de monts *Dômes* ou des *Puys*. Le *Puy de Pariou*, situé près du Puy de Dôme, offre un des cratères les mieux caractérisés. — Les monts d'*Aubrac*, riches en excellents pâturages, sont un autre rameau qui se rattache à la Margeride, au S. O. de laquelle ils se trouvent.

Les mines de plomb et de fer, les carrières de basalte, sont, avec les bestiaux, une des richesses des monts d'Auvergne. On vante les eaux minérales de ces montagnes ou de leur voisinage : eaux du mont Dore, de la Bourboule, de Royat, de Chaudesaigues, de Vichy, de Néris, de Bourbon-l'Archambault.

Les montagnes du **Limousin** sont la continuation occidentale des monts d'Auvergne. Ils sont beaucoup moins élevés : le mont Jargean (950 mètres) en est le point culminant. Les pâturages, où l'on élève de bonnes races de chevaux et de bœufs, les châtaigniers, les carrières de kaolin, sont parmi les principales richesses de ces montagnes.

Les monts du **Velay**, du **Forez** et de la **Madeleine** forment une chaîne d'origine volcanique qui se détache des Cévennes vers la source de la Loire et qui s'avance du S. au N. entre ce fleuve et l'Allier. Leur altitude atteint 1634 m., au mont Herboux. De curieux escarpements basaltiques (Orgues d'Espaly, etc.) y fixent l'attention du voyageur.

Les monts du **Morvan** se séparent de la Côte d'Or, et vont au N. O., entre le bassin de l'Yonne et celui de la Loire, dans l'O. de la Bourgogne et l'E. du Nivernais. Ils sont peu élevés (1000 m.), couverts de bois, riches en mines de fer, et nourrissent d'excellents bœufs. Ils marquent la ligne de partage des eaux entre le versant de la Manche et celui de la mer de France (ou golfe de Gascogne). La suite de cette ligne n'est formée que par des collines ou des plateaux (collines du *Nivernais*, plateaux de la *Forêt d'Orléans* et de la *Beauce*, collines du *Perche* et de la *Basse-Normandie*) jusqu'à la **chaîne Armoricaine**, élevée de 350 mètres, et comprenant, au bout de la Bretagne, les montagnes d'*Arez*, avec le rameau des montagnes *Noires*.

PYRÉNÉES ET LEURS BRANCHES (LES CORBIÈRES, ETC.) [1].

Les **Pyrénées** courent de l'E. S. E. à l'O. N. O., entre la France et l'Espagne, en laissant cependant à l'Espagne, au N. de leur crête, la vallée d'Aran, et à la France, au S. de cette même crête, la vallée supérieure de la Sègre. Elles s'étendent depuis le cap Cerbère et le cap de Creus, sur

1. Voyez dans l'Atlas les cartes de la France et de l'Espagne.

la Méditerranée, jusqu'au col de Belate, au S. de la Bidassoa, où commencent les monts Cantabres. Elles offrent une longueur de 450 kilomètres, et forment, dans presque toute leur étendue, la limite entre le versant de l'Atlantique

Les Pyrénées.

et le versant de la Méditerranée; elles envoient au premier la Garonne, l'Adour, la Bidassoa; et au second un grand nombre d'affluents de l'Èbre, comme l'Aragon, le Gallego, la Sègre.

On donne le nom particulier de *Pyrénées orientales* à la partie de la chaîne qui n'est pas sur la limite du partage des eaux tributaires de l'Atlantique et de la Méditerranée, mais qui se trouve tout entière sur le versant de la Méditerranée, entre les bassins de l'Aude, de la Tet et du Tech, au N., et les bassins de la Sègre, du Llobregat et du Ter, au S., sur le territoire espagnol. La portion la plus avancée à l'E. de cette fraction des Pyrénées se nomme monts *Albères*.

Les plus remarquables des branches qu'elles envoient vers la France sont, en commençant par l'O., entre la Bidassoa et la Nive, les montagnes de la *Basse-Navarre*; les montagnes du *Bigorre*, continuées par les collines de l'*Armagnac*, entre les bassins de l'Adour et de la Garonne; puis les monts *Corbières*, dont une partie, les *Corbières occidentales*, s'avance jusque près des Cévennes, au col de Naurouze. Les *Corbières orientales* s'étendent entre les bassins de la Tet et de l'Aude. Le *Canigou* est une autre branche, courte, mais très-élevée (2785 mètres), qui se présente entre les bassins de la Tet et du Tech.

Ce n'est pas sur la ligne même du partage des eaux que sont les plus hauts sommets des Pyrénées, mais un peu au sud de cette ligne. Les trois sommets les plus élevés, tous en Espagne, sont le mont *Maladetta* ou *Maudit* (ayant pour point culminant le pic de *Nethou*, haut de 3482 mètres), le pic *Posets* (3367 mètres), et le mont *Perdu* (3351 mètres). — On remarque ensuite, sur le territoire français, le *pic du Midi de Pau* ou *d'Ossau* (2885 m.), le *pic du Midi de Bagnères* ou *de Bigorre* (2877 m.), le *pic de Campbieil* (3175 m.), le *Turon de Néouvieille* (3056 mètres), le *pic de Carlitte* (2921 m.), au nœud où commencent les Corbières; — et, sur la frontière, le *Marboré* (3253 mètres), le mont *Vignemale* (3290 mètres).

Les Pyrénées sont généralement plus escarpées du côté de l'Espagne que du côté de la France. Elles offrent des pics coniques, moins élancés que les sommets des Alpes. A leur pied s'étendent de magnifiques vallées, comme celles de Campan, d'Argelès, d'Aure, etc. Elles abondent en points de vue pittoresques, et sont riches en eaux minérales (les deux Bagnères, Baréges, Saint-Sauveur, Cauterets, Eaux-Bonnes, Amélie-les-Bains, etc.), en marbres magnifiques (de Campan, de Sarrancolin), en mines de fer, de cuivre, de plomb; et plusieurs rivières qui en descendent, entre autres l'Ariége et le Salat, roulent des paillettes d'or. Le chêne y monte jusqu'à 1600 mètres ; le hêtre, jusqu'à 1800 ; le sapin et l'if, jusqu'à 2000 ; le pin, un peu au delà de 2300. Les neiges éternelles commencent à 2900 et 3000 mètres.

Les cols ou passages des Pyrénées portent généralement le nom de *ports*. Les principaux sont, en commençant par l'ouest : celui de *Belate* (en Espagne), point où les Pyrénées se joignent aux monts Cantabres, sur la route de Bayonne à Pampelune ; celui de *Saint-Jean Pied-de-Port*, qui se continue par ceux d'*Ibagnetta* et de *Roncevaux*, aussi dans la direction de Pampelune ; celui de *Canfranc* ou d'*Urdos* ; celui de *Cauterets* ou de la *Peyre* ; le port de *Gavarnie* ; la *Brèche de Roland* (vers le Marboré) ; le port d'*Oo* (3000 m. d'altitude), au S. de Bagnères-de-Luchon ; le port de *Vénasque* ; le port de *la Perche*, entre Mont-Louis et Puigcerda ; le port de *Perthus*, entre Bellegarde et Figuières.

MONTS CANTABRES, MONTS IBÉRIQUES, SIERRA NEVADA ET AUTRES MONTAGNES DE LA PÉNINSULE HISPANIQUE [1].

La péninsule Hispanique est généralement fort montagneuse ; de longues chaînes (en espagnol *sierras*, en portugais *serras*), hautes et escarpées, la parcourent en tous sens.

D'abord, au N., se montrent les monts **Cantabres**, qui sont comme la continuation occidentale des Pyrénées, et qui courent de l'E. à l'O., depuis le col de Belate jusqu'au cap Finisterre, en longeant la côte méridionale de la mer de Biscaye (mer de France). Ils portent, dans une grande partie, le nom de monts des *Asturies* et de monts de *Galice*, et ont pour points culminants les *Penas de Europa* (2678 mètres).

Les mines de fer et de houille y sont importantes.

Les monts **Ibériques** se rattachent aux monts Cantabres vers les sources de l'Èbre, et courent du N. au S., en formant la limite des deux grands versants européens. Ils prennent, au N., les noms particuliers de *Sierra de Oca* et de *Sierra de Moncayo* ; au S., ceux de *Sierra de Albarracin* et de *Sierra de Cuença*. Le Moncayo est la partie la plus élevée (2925 mètres). Le col le plus célèbre est celui de Pancorbo, par où passe la route de Vitoria à Burgos.

1. Voyez dans l'Atlas la carte d'Espagne et de Portugal.

Ils s'abaissent au S., et font place à un plateau qui continue le partage général des eaux, et qui se joint à la **Sierra Nevada**, la plus haute chaîne de la péninsule ; celle-ci se dirige de l'E. N. E. à l'O. S. O., et se termine au promontoire de Gibraltar. Le pic de Mulahacen (3554 mètres) est le point culminant. Des vallées chaudes et magnifiques s'étendent aux pieds S. et S. E. de ces montagnes couvertes de neige ; la vigne, l'olivier, le figuier, le grenadier, l'oranger, le citronnier, la canne à sucre, le citronnier, y donnent d'excellents produits. On y trouve de riches mines de cuivre et de plomb.

Les autres chaînes hispaniques courent toutes de l'E. à l'O. Ce sont : 1° Les monts qui séparent les bassins du Douro et du Tage, et qui comprennent la *Sierra de Guadarrama*, avec le fameux défilé de Somo Sierra, sur la route de Burgos à Madrid, théâtre d'une victoire de Napoléon en 1808 ; la *Sierra de Gredos* (2660 mètres), la *Sierra de Gata* ; la *Serra da Estrella*, la plus haute chaîne du Portugal (2300 mètres) : cette chaîne va se terminer au cap da Roca. — 2° Les monts qui s'élèvent entre les bassins du Tage et de la Guadiana, sous les noms de monts de *Tolède*, de *Sierra de Guadalupe*, de *Serra de San-Mamede*, de *Serra de Monchique*, et se terminent au cap Saint-Vincent. — 3° La *Sierra Morena* (montagne noire), qui court entre la Guadiana et le Guadalquivir, et qui s'appelle ainsi à cause des feuillages sombres des arbres qui y croissent. Les célèbres mines de mercure d'Almaden s'exploitent à côté de cette chaîne à l'aspect triste et sauvage.

Le territoire compris entre la Sierra Morena et les monts Cantabres constitue le *plateau de la Castille*, ou le *plateau central de l'Espagne*, élevé généralement de 700 mètres au-dessus de la mer, beaucoup plus froid que la latitude ne le fait d'abord supposer, nu et aride sur plusieurs points, à cause surtout de la destruction des forêts, mais très-fertile en blé dans d'autres parties. Les immenses troupeaux de mérinos transhumants (c'est-à-dire passant d'un pays à un autre), produit d'ailleurs précieux pour l'Espagne, ont contribué à la dévastation des cultures de ce plateau.

MONTS ET PLATEAUX DE LA RUSSIE. — CAUCASE, OURAL, ETC.[1]

Portons maintenant nos regards sur l'extrémité opposée de l'Europe, et remarquons le relief de la Russie. L'intérieur forme un vaste plateau très-peu élevé, très-fertile, en blé surtout, et surmonté seulement de petits groupes de hauteurs, dont les plus remarquables sont les monts *Valdaï* (230 mètres), sur la ligne de partage des deux versants, aux sources du Volga. Les monts *Olonetz* et *Maanselka*, dans le N. O., entre la mer Blanche et la Baltique, et les monts *Chémakhovski*, au N., sur l'arête européenne, ne sont, comme le Valdaï, que de simples collines.

Le S. E. de la Russie, dans le bassin de la Caspienne, est une plaine déprimée de plusieurs mètres au-dessous de l'Océan ; mais, sur les frontières de l'Europe, il y a des montagnes considérables. Au S. E., entre la mer Noire et la mer Caspienne, s'étend, de l'O. N. O. à l'E. S. E., le mont **Caucase**, qui a un développement de 1100 kilomètres, et qui surpasse en hauteur toutes les montagnes européennes. L'*Elbrouz*, son point culminant, a 5600 mètres ; le *Kazbek*, le second, a 5100 mètres. La crête de cette énorme chaîne offre des escarpements majestueux, des glaciers, des neiges éternelles ; mais des vallées agréables s'ouvrent à ses pieds, surtout vers le sud, du côté de la Géorgie. Sur le versant N., se trouve la Circassie, célèbre par la beauté de ses populations. On appelle la race blanche *race causasique*, parce que ses types les plus parfaits se retrouvent dans ces montagnes.

Le Kouban, tributaire de la mer Noire, le Térek, tributaire de la mer Caspienne, coulent sur le flanc septentrional ; le Rioni (Phase), qui va dans la mer Noire, le Kour (Cyrus), qui se dirige vers la Caspienne, baignent la base méridionale. Parmi les passages importants qui coupent le Caucase, on distingue le défilé de *Dariel* (anciennes *Portes Caucasiennes*), sur la route de Mozdok et Tiflis ; le défilé de *Derbent* (anciennes *Portes Albaniennes*), resserré entre les croupes orientales de la chaîne et la Caspienne.

---

1. Voyez dans l'Atlas la carte de la Russie.

Les monts **Ourals** (ou simplement l'**Oural**), entre la mer Caspienne et l'océan Glacial, sont beaucoup moins élevés que le Caucase, mais plus étendus; ils occupent, du S. au N., une longueur de 2000 kilomètres; leur altitude atteint seulement de 2000 à 2600 mètres. Ils sont très-riches en mines d'or, de platine, de cuivre et de sel. Il y a de grandes forêts de pins et de sapins. Le fleuve Oural en descend, au S., pour se jeter dans la mer Caspienne. Dans leur plus grande partie, ils sont entre les bassins du Volga et de l'Obi, et contribuent par conséquent à séparer les deux grands versants.

MONTS DOFRINES OU ALPES SCANDINAVES [1].

Cette chaîne, généralement dirigée du N. E. au S. O., prend naissance en Russie, dans la presqu'île de Kola, au N. O. de la mer Blanche, pénètre dans la péninsule Scandinave, entre le golfe de Botnie et celui de Varanger, et forme, sur une grande étendue, du N. au S., la limite entre la Suède et la Norvége; parvenue à peu près vers le milieu de la Scandinavie, elle tourne au S. O., parcourt la Norvége et se termine au cap Lindesnæs. Elle sépare le versant de la mer Baltique et celui du Cattégat de celui de l'Océan.

La partie des Dofrines qui sépare la Suède de la Norvége porte le nom de *Kiœlen*. — La branche S. O., qui couvre l'intérieur de la Norvége, s'appelle d'abord *Dovre-field* (d'où vient le nom de Dofrines), puis *Lang-field*, *Sogne-field*. Cette branche est la partie la plus haute de toutes les Alpes scandinaves, et presque partout elle est couverte de neiges et de glaciers; on y remarque surtout les monts *Hor-Ungerne* et *Skagstœlstind*, dans le Lang-field, et le mont *Snehœttan* (c'est-à-dire *Bonnet de neige*), dans le Dovre-field : ces trois sommets atteignent environ 2600 mètres au-dessus de la mer.

Des cascades admirables (Riukan-Foss et autres) descendent de ces montagnes; des vallées pittoresques, des lacs limpides, sont encaissés entre leurs pentes abruptes; et, dans leurs flancs occidentaux, beaucoup plus escarpés que les versants orientaux, pénètrent, sur les côtes de Norvége, des

---

1. Voyez dans l'Atlas, pour ces montagnes et les suivantes, les cartes des diverses contrées.

fiords nombreux, golfes étroits et profonds qui ressemblent à de magnifiques estuaires de fleuves.

Les monts Dofrines sont riches en mines de fer, de cuivre, d'argent; ils sont revêtus, sur de grands espaces, de forêts de sapins, de pins et de bouleaux; mais, dans leur partie septentrionale, il n'y a plus d'arbres : les mousses, les lichens, les myrtilles et d'autres petites plantes herbacées s'y montrent seuls.

MONTAGNES DES ILES BRITANNIQUES.

Nous avons vu toutes les montagnes du continent ; examinons maintenant celles des îles européennes.

Dans la **Grande-Bretagne**, les montagnes principales se trouvent en Écosse : ce sont les monts *Grampiens*, traversant toute la largeur de l'île, du N. E. au S. O., du cap Kinnaird à la presqu'île de Cantyre. Quoique d'une hauteur médiocre, ces montagnes, formées de terrain primitif, ont un aspect assez imposant et très-pittoresque. Des rochers fantastiques, de beaux lacs, des cascades, y attirent les voyageurs. Leurs points culminants sont le *Ben-Nevis* et le *Ben-Macdhui*, d'environ 1400 mètres d'altitude.

Les monts *Cheviot* s'étendent, de l'E. à l'O., sur la frontière d'Écosse et de l'Angleterre ; ils n'ont que 1000 mètres.

Dans le nord de l'Angleterre, courent du N. au S. les monts *Moorlands* ou la chaîne *Pennine*, d'où se détache, à l'O., le groupe des monts *Cumbriens;* c'est dans ces derniers qu'est le mont le plus haut de l'intérieur de l'Angleterre, le *Scaw-Fell*, d'environ 1000 mètres d'altitude.

Les montagnes du *Pic*, peu élevées, mais connues des touristes par leurs *merveilles* naturelles, occupent à peu près le milieu de la Grande-Bretagne.

Les monts *Cambriens*, ou du *pays de Galles*, couvrent, du N. au S., une grande partie de ce pays. Le *Snowdon* (1120 mètres) en est le point le plus élevé.

Il n'y a pas, en **Irlande**, de grandes chaînes de montagnes. Cette île est comme un vaste plateau, surmonté çà et là de mamelons et de groupes peu étendus. Les parties les plus montueuses du pays sont vers le S. O. ; le point le plus élevé est le mont *Carn-Tual*, d'une altitude de 1037 mètres.

MONTAGNES DE LA CORSE, DE LA SARDAIGNE, DE LA SICILE ET DE CANDIE.

La **Corse** est traversée du N. au'S. par une chaîne de hautes montagnes, dont les points principaux sont le *monte Rotondo* (2764 mètres), le *monte d'Oro* (2652 mètres); et le *monte Grosso* (1860 mètres).

Ces montagnes sont hérissées de rochers taillés à pic, leurs flancs sont revêtus d'épaisses forêts de chênes, de sapins, de pins magnifiques et de grands buis.

Les vallées qui s'étendent à leur pied sont belles et fertiles, et le climat est favorable à la vigne, aux orangers, aux citronniers, aux oliviers, à la garance, aux mûriers; mais la culture est fort négligée. Il y a beaucoup de mines de métaux, et des carrières de beaux marbres, de superbe diorite et d'amiante ou asbeste.

Les montagnes de la **Sardaigne** ne forment pas une crete régulière comme celles de la Corse, mais elles sont éparses sur une sorte de grand plateau qui compose l'île. Plusieurs sont d'origine volcanique. On y distingue, comme point culminant, le *Gennargentu* (1860 mètres), vers le centre.

Les montagnes principales de la **Sicile**, après le volcan de l'*Etna*, qui domine la partie orientale de l'île de son énorme et haute masse (3237 mètres), sont les monts *Neptuniens*, qui courent de l'E. à l'O., depuis le Phare de Messine jusqu'au cap Boëo, en longeant la côte septentrionale. Le mont *Madonia* (1960 mètres) est le point le plus élevé.

L'île de **Candie** (ancienne île de *Crète*) est parcourue de l'E. à l'O. par une chaîne de montagnes, dont le point dominant est le *Psilority* (ancien *Ida*), d'une altitude de 2500 mètres.

Le calcaire y est la roche la plus commune; il s'y trouve un grand nombre de grottes et de cavernes, et il est probable que le fameux labyrinthe de Crète n'était qu'une caverne à compartiments multipliés, que les hommes avaient appropriée à servir d'asile contre l'ennemi.

MONTAGNES D'ISLANDE.

L'Islande, cette île boréale et froide, qui est plutôt une terre américaine qu'une dépendance physique de l'Europe, est hérissée de montagnes et de plateaux volcaniques, parmi lesquels on distingue le mont *Hekla*, au S.; le *Vatna-Iœkull*, sorte de large plateau, le *Snœfels* et l'*Œrœfa-Iœkull*, à l'E.; le *Snœfels-Iœkull*, à l'O. Le plus haut de tous est l'*Œrœfa-Iœkull* (environ 2000 mètres). — Les flammes, la fumée et les laves brûlantes de ces monts contrastent avec les neiges et les glaces dont ils sont constamment couverts. Il y a beaucoup de lacs dans les vallées qui les avoisinent, et l'on y voit jaillir de nombreuses sources chaudes; les plus fameuses sont, au S. O., les *Geisirs*, qui s'élancent en magnifiques jets intermittents (voyez la page 42).

EAUX INTÉRIEURES

LIGNE DE PARTAGE DES EAUX. — VERSANTS.

L'Europe est divisée en deux versants : celui du N. et du N. O., incliné vers l'océan Glacial et l'océan Atlantique; et celui du S. et du S. E., incliné vers la Méditerranée et la mer Caspienne. L'arête ou ligne de partage des eaux qui sépare ces deux versants s'étend du N. E. au S. O., des frontières de l'Asie au détroit de Gibraltar, et elle passe par les monts *Ourals*, les monts *Chémakhovski*, le *Valdaï*, les *Carpathes*, les *Sudètes*, les monts *Moraves*, les monts de la *Forêt de Bohême*, les montagnes des *Pins* (Fichtel-Gebirge), le *Jura de Franconie*, le *Jura de Souabe*, la *Forêt-Noire*, les *Alpes Algaviennes*, *du Vorarlberg et des Grisons*, les *Alpes Rhétiques*, les *Alpes Lépontiennes*, les *Alpes Bernoises*, le *Jura*, les *Vosges méridionales*, les monts *Faucilles*, la *Côte d'Or*, les *Cévennes*, les *Corbières*, les *Pyrénées*, les monts *Cantabres*, les monts *Ibériques* et la *Sierra Nevada*.

Les Geisirs.

BASSINS MARITIMES ET FLEUVES QU'ILS COMPRENNENT.

Le versant du N. et du N. O. comprend les principaux bassins suivants : 1° bassin de l'océan *Glacial* proprement dit ; 2° bassin de la *mer Blanche* ; 3° bassin de la *mer Baltique* ; 4° bassin du *Cattégat* ; 5° bassin de la *mer du Nord* ; 6° bassin de la *Manche* ; 7° bassin de la *mer d'Irlande* ; 8° bassin de la *mer de France* ou du *golfe de Gascogne* ; 9° bassin de l'*Atlantique* proprement dit.

La *Petchora* est le seul fleuve important qui se jette immédiatement dans l'océan Glacial. — La *Dvina septentrionale* et l'*Onéga* tombent dans la mer Blanche. Ces fleuves sont pris par les glaces une grande partie de l'année, et ne servent à la navigation que pendant l'été.

La mer Baltique reçoit, au N. et au N. O., par le golfe de Botnie, le *Torneä*, le *Luleå* et le *Dal-elf* ; — à l'E., par le golfe de Finlande, la *Neva*, fleuve court, mais large, qui sert d'écoulement au lac Ladoga ; — par le golfe de Riga ou de Livonie, la *Dvina méridionale*. — Au S., trois fleuves, qui coulent du S. au N., offrent à leurs embouchures des amas d'eau qui sont moitié lacs, moitié golfes, et qu'on appelle *haffs* : le *Niémen* se jette dans le Curische-Haff ; la *Vistule*, dans le Frische-Haff et aussi dans le golfe de Danzig ; l'*Oder*, dans le Pommersche-Haff.

Les principaux tributaires de la mer du Nord sont : l'*Elbe*, grossi de la *Mulde*, de la *Saale*, du *Havel* (qui reçoit la *Sprée*) ; — le *Weser* ; — le *Rhin*, grand et rapide fleuve, qui descend des Alpes, reçoit à droite le *Main*, à gauche la *Moselle*, et se divise en plusieurs branches, dont plusieurs vont dans le Zuider-zee, et une seule, le *Vieux-Rhin*, directement dans l'Océan ; — la *Meuse*, qui reçoit quelques branches du Rhin, entre autres, le *Waal*, et a trois bouches considérables à travers les îles de la Hollande ; — l'*Escaut*, peu long, mais qui a deux larges embouchures entre les îles de la Zélande. — Tous ces fleuves coulent du S. au N. — La *Tamise*, l'*Humber* et le *Forth*, dans la Grande-Bretagne, coulent de l'O. à l'E., et se jettent aussi dans la mer du Nord.

La *Seine*, qui vient de la Côte d'Or et se dirige du S. E.

au N. O., est le seul fleuve considérable qui se jette dans la Manche. Elle se grossit de la *Marne* et de l'*Yonne*.

Dans la mer de France, se rendent, en coulant du S. E. au N. O., la *Loire* et la *Garonne ;* celle-ci vient des Pyrénées, et prend le nom de *Gironde* après avoir reçu son principal affluent, la *Dordogne*.

La *Clyde* et la *Mersey*, qui sont peu longues, mais fort larges, se jettent dans la mer d'Irlande.

La *Saverne* (en anglais *Severn*) débouche dans le canal de Bristol.

L'Atlantique reçoit immédiatement le *Shannon*, fleuve d'Irlande, le plus long des îles Britanniques, et dirigé du N. au S. ; — il reçoit aussi directement le *Minho*, le *Douro*, le *Tage*, la *Guadiana*, le *Guadalquivir*, qui coulent de l'E. à l'O. dans la péninsule Hispanique.

Le versant du S. et du S. E. comprend à son tour les principaux bassins suivants : 1° bassin de la *Méditerranée* proprement dite ; 2° bassin de la *mer Tyrrhénienne ;* 3° bassin de la *mer Ionienne ;* 4° bassin de l'*Adriatique ;* 5° bassin de l'*Archipel ;* 6° bassin de la *mer Noire* et de la *mer d'Azov* réunies ; 7° bassin de la *Caspienne*.

Un seul fleuve remarquable de la péninsule Hispanique se rend immédiatement dans la Méditerranée : c'est l'*Èbre*, qui coule de l'O. à l'E. et a un petit delta.

Dans le golfe du Lion va se jeter le *Rhône*, fleuve rapide, qui descend des Alpes et coule d'abord à l'O., jusqu'à Lyon, puis au S., et a plusieurs embouchures qui forment le delta de la Camargue et qui sont obstruées par des alluvions abondantes. Il reçoit une grande et importante rivière, la *Saône*.

Sur la côte occidentale de l'Italie, débouchent l'*Arno* et le *Tibre*, peu considérables, mais qui arrosent des lieux célèbres dans l'histoire (Florence, Rome). Ils viennent des monts Apennins, coulent généralement vers l'O., et se jettent, le premier dans la Méditerranée proprement dite, le second dans la mer Tyrrhénienne.

Les principaux tributaires de l'Adriatique sont le *Pô* et l'*Adige*, qui ont leurs sources dans les Alpes et coulent généralement de l'O. à l'E. Le premier produit des alluvions considérables et a plusieurs embouchures.

La *Maritza* (anciennement *Hèbre*) va du N. au S., et s'écoule dans l'Archipel.

La mer Noire reçoit, par trois embouchures, le *Danube*, qui sort de la Forêt-Noire, et qui a 3000 kilomètres de cours, de l'O. à l'E., à travers le cœur de l'Europe ; ses plus grands affluents sont l'*Inn*, la *Drave*, la *Save*, à droite, et la *Theiss*, à gauche. — Cette mer reçoit encore le *Dniestr* et le *Dniepr*, qui vont du N. au S.

Le *Don*, dirigé aussi du N. au S., se jette dans la mer d'Azov ; un de ses affluents, le *Manytch*, communique naturellement par un autre courant avec la mer Caspienne.

Le *Kouban*, se divisant en deux branches, se jette à la fois dans la mer Noire et dans la mer d'Azov.

La mer Caspienne reçoit le *Volga*, le plus grand fleuve d'Europe (3500 kilomètres), qui vient des monts Valdaï et se dirige du N. O. au S. E. ; ses plus grands affluents sont l'*Oka* (grossie de la *Moskva*) et la *Kama*. — Cette mer reçoit aussi l'*Oural* ou *Iaïk* (3000 kil.), qui descend des monts Ourals et coule du N. au S. sur les frontières de l'Europe et de l'Asie.

Parmi tous ces fleuves, ceux qui présentent le plus d'activité commerciale ne sont pas les plus étendus. Les fleuves de la Grande-Bretagne n'ont pas un très-long cours, mais ils offrent de larges embouchures, c'est-à-dire des *estuaires*, et ont la navigation la plus active : la *Tamise*, surtout, qui baigne Londres, est le cours d'eau du monde où circulent le plus de navires. On a joint entre eux, par de nombreux canaux, tous les fleuves de cette île florissante.

Sur le continent, les plus importants, ceux qu'on peut considérer comme les plus grandes artères de l'Europe, sont : à l'O., le *Rhin*, qui vivifie la Suisse septentrionale, l'Allemagne occidentale et les Pays-Bas ; — la *Meuse*, qui est d'une importance considérable pour ce dernier royaume ; — au centre et au S. E., le *Danube*, dont le cours, longtemps navigable, circule très-utilement à travers l'Allemagne, l'empire austro-hongrois et la Turquie, et baigne Vienne, Pesth, etc. ; — à l'E., le *Volga*, qui ne coule qu'en Russie, mais qui offre à ce pays des ressources infinies par les riches alluvions que déposent ses débordements périodiques, par la multitude de ses poissons et par la navigation très-animée dont il est le théâtre.

Il faut ensuite remarquer la navigation très-active du cours inférieur de certains fleuves beaucoup moins étendus que les trois précédents, mais dont les larges embouchures sont avantageusement disposées pour favoriser le commerce maritime.

On doit citer particulièrement la *Seine*, qui baigne Paris, Rouen, le Havre; la *Loire* (Orléans, Nantes); la *Garonne-Gironde* (Toulouse, Bordeaux); l'*Elbe* (Hambourg); le *Weser* (Brême); l'*Oder* (Stettin); la *Meuse* (Rotterdam); l'*Escaut* (Anvers); la *Néva* (Saint-Pétersbourg); le *Tage* (Lisbonne).

LACS, MARAIS ET LAGUNES.

C'est autour de la Baltique que l'Europe a le plus de lacs. Les plus grands versent leurs eaux dans le golfe de Finlande : le *Ladoga*, le plus considérable de tous (200 kilomètres de long, 130 kilomètres de large), s'y écoule par la Néva; l'*Onéga*, le second des lacs européens (200 kilom. sur 80), et les lacs *Saïma* et *Ilmen*, sont tributaires du Ladoga ; le lac *Perpous* s'écoule dans le même golfe par la Narova et a aussi un écoulement vers le golfe de Livonie.

D'innombrables lacs sont répandus dans la Finlande : le plus étendu est le *Pæjjæne*.

Dans la péninsule Scandinave, se trouvent également de nombreux lacs, dont les principaux sont : le joli lac *Mœlar*, qui touche la mer Baltique et qui baigne la capitale de la Suède, Stockholm ; — le lac *Vetter*, qui s'écoule dans la même mer ; — le lac *Vener*, le plus grand de la péninsule, communiquant avec le Cattégat par la rivière Gœtha et avec le lac précédent par un large canal de navigation.

Dans le N. de l'Allemagne, le voisinage des côtes de la Baltique offre les espèces de lacs appelés *haffs* dont nous avons déjà parlé, et le lac *Muritz*, qui s'écoule dans l'Elbe.

L'Écosse (nord de la Grande-Bretagne) a beaucoup de lacs (*lochs*), la plupart renommés par leur joli aspect : le plus remarquable est le *Loch Lomond*, qui s'écoule dans la Clyde.

L'Irlande a aussi une quantité de lacs (que, dans l'ancien langage irlandais, on appelle *loughs*); on remarque les charmants lacs de *Killarney*, le double lac *Erne*, le lac *Neagh*, et les lacs assez nombreux que forme le *Shannon*.

Le lac de *Constance* ou *Boden-see* est formé par le Rhin, et dans ce fleuve se rendent les eaux des lacs, un peu moins considérables, de *Zürich*, de *Lucerne* et de *Neuchâtel*. Ce sont d'agréables masses d'eau, toutes en Suisse.

Le lac de *Genève*, ou lac *Léman*, un des plus beaux de l'Europe, est produit par le Rhône, au pied des Alpes, entre la France et la Suisse.

Le Pô reçoit les eaux des lacs *Majeur*, de *Côme* et de *Garde*, situés aussi au pied des Alpes et célèbres par leurs aspects pittoresques.

Le lac de *Pérouse* (ancien *Trasimène*), au milieu de l'Italie; les lacs de *Scutari*, d'*Okhrida* et de *Presba*, dans la péninsule Turco-Hellénique, sont encore de beaux lacs.

Mais le *Balaton* ou *Platten-see*, au centre de l'Europe, dans les plaines de la Hongrie, est un lac marécageux et triste, qui s'écoule dans le Danube.

Dans la même région de l'Europe, se trouvait, il y a peu d'années, le lac de *Neusiedl*, qui s'est desséché peu à peu, partie naturellement, partie grâce à d'ingénieux travaux.

On vient de dessécher un grand lac du centre de l'Italie, le lac *Fucino*, au milieu d'un plateau des Apennins : on l'a fait écouler dans le Garigliano, tributaire de la mer Tyrrhénienne. Désormais on ne redoutera plus ses funestes débordements, et l'on profitera des cultures d'un vaste et fertile terrain qu'il a laissé à sec.

C'est ainsi qu'on a desséché, il y a plusieurs années, au grand avantage de l'agriculture, le lac de *Harlem*, près du Zuider-zee, en Hollande.

Un travail du même genre vient d'être entrepris pour le lac de Grand-Lieu, au S. de l'embouchure de la Loire.

Les plus grands marais d'Europe sont ceux de *Pinsk*, dans la Russie occidentale. Les côtes du nord de l'Allemagne et une grande partie des Pays-Bas sont pleines de marais : on remarque surtout dans cette dernière contrée les marais de *Bourtange* et de *Peel*.

L'Irlande est occupée, sur de vastes espaces, par des *bogs* ou fondrières, qui cachent, sous l'apparence d'une agréable prairie, les dangereux abîmes d'une fange très-profonde.

Les côtes S. O. et méridionales de la France sont bordées de lagunes ou *étangs*, masses d'eau salée qui sont des restes de la mer : étangs de *Thau*, de *Valcarès*, de *Berre*, etc.

Le lac d'*Albufera*, sur la côte orientale de l'Espagne, est une espèce de lagune.

L'Italie a, sur sa côte orientale, les lagunes de *Venise* et les marais très-malsains de *Comacchio*; sur la côte occidentale, les trop fameux marais *Pontins* et les tristes *Maremmes* de Toscane.

La péninsule Turco-Hellénique renferme, à l'E., le lac marécageux de *Rascïn*, près et au S. de l'embouchure du Danube ; — un autre lac marécageux, le lac *Topolias* (anciennement *Copaïs*), se trouve près de la côte orientale de la Grèce.

CLIMAT, PRODUCTIONS.

Climat. — L'Europe est froide vers ses extrémités boréales, quoiqu'elle le soit moins que l'Asie et l'Amérique à la même latitude ; dans le midi, le climat est chaud, mais non brûlant, comme dans quelques parties de l'Asie ou de l'Afrique. En général, la température y est douce et agréable, surtout dans les régions occidentales, qui reçoivent l'heureuse influence des vents de l'océan Atlantique et celle du courant du Golfe (*Gulf-stream*). L'Europe, enfin, a l'avantage d'être limitée au S. par une vaste mer qui adoucit beaucoup le climat.

Les *lignes isothermes*, c'est-à-dire d'égale température, pour les pays placés approximativement au niveau de la mer, ne suivent pas, en Europe, à beaucoup près, les cercles parallèles à l'équateur : la ligne de 0°, passe au cap Nord, ainsi que dans le N. de l'Islande, et descend en Russie au S. de la mer Blanche, c'est-à-dire s'éloigne beaucoup du pôle à mesure qu'elle s'avance à l'E.

La ligne de +5° passe par Trondhiem, au N. de Christiania, à Stockholm, à Saint-Pétersbourg, à Moscou : elle montre qu'il fait bien plus froid dans l'intérieur du continent que sur la côte O. de la Norvége.

La ligne de + 10° parcourt le milieu de l'Irlande, le S. de l'Angleterre, les Pays-Bas, l'Allemagne centrale, la Bohême, la Hongrie, et va atteindre la Crimée, bien loin au S. de la latitude de l'Irlande. Elle passe à peu près par Dublin, Londres, Amsterdam, Prague, Boukharest ; il fait donc plus froid à l'E. qu'à l'O., dans toute la partie moyenne de l'Europe. Remarquons cependant que les lignes isothermes indiquent seulement la température moyenne de l'année. Les parties orientales de l'Europe, c'est-à-dire de l'intérieur du continent, n'en ont pas moins des étés plus chauds que les parties occidentales, mais les hivers sont aussi beaucoup plus rigoureux : l'Océan adoucit remarquablement la température.

La ligne de + 15° passe par le N. de l'Espagne, le S. de la France, le N. de l'Italie et dans la Turquie moyenne.

La ligne isotherme de + 20° touche seulement l'extrémité S. O. de l'Europe.

La température varie ensuite considérablement avec les altitudes : il fait de plus en plus froid à mesure qu'on s'élève au-dessus du niveau de la mer. Chaque chaîne de montagnes a ses lignes isothermes particulières. Vers la région moyenne de l'Europe (dans les Alpes), la ligne des neiges perpétuelles se trouve vers 2600 mètres.

Les vents dominants dans l'O. de l'Europe sont ceux du S. O. et de l'O., qui viennent de l'Atlantique, et sont humides, tempérés, chargés de vapeurs et pluvieux.

Les vents du N. et du N. E. sont assez fréquents aussi, surtout dans la partie orientale de notre partie du monde ; ils sont froids et généralement secs.

La pluie est plus abondante sur les côtes de l'Océan et dans les Alpes que partout ailleurs en Europe ; elle est de 60 à 70 centimètres sur les côtes de l'Irlande, de la France, de l'Angleterre ; de 1 mètre à Bergen, en Norvége ; de 1 à 2 mètres dans les Alpes ; de 55 centimètres à Paris ; de 40 centimètres en Champagne. L'Europe occidentale reçoit beaucoup plus de pluie que l'Europe orientale.

Productions. — Il y a, dans un grand nombre de pays

d'Europe, de riches mines de fer, particulièrement en Scandinavie, en Angleterre, en Allemagne, en France ; le cuivre se trouve surtout dans la péninsule Scandinave, en Angleterre, en Espagne et aux monts Ourals ; l'étain, dans la Grande-Bretagne ; l'or, aux monts Ourals et aux monts Carpathes ; le platine, dans les monts Ourals ; l'argent, le plomb, en Allemagne, en France, en Espagne, en Angleterre ; le mercure, en Espagne, en Illyrie ; le zinc, en Belgique, en Allemagne, en Espagne.

Le soufre est fourni par l'Italie, par les îles qui l'environnent et par l'Islande. L'ambre jaune se recueille aux bords méridionaux de la Baltique. Le charbon de terre abonde dans la Grande-Bretagne et vers les bords de l'Escaut, de la Meuse, du Rhin, etc. La tourbe est commune dans toutes les parties basses des régions moyennes de l'Europe.

Les principaux arbres fruitiers sont les pommiers, les poiriers, les pruniers, les abricotiers, les pêchers, qui peuplent presque partout les vergers, surtout dans les régions moyennes.

Les châtaigniers et les noyers sont répandus dans les mêmes régions.

Le cerisier est aussi un des arbres européens les plus communs et les plus intéressants : il s'avance fort loin vers le nord.

Les orangers, les citronniers, les cédratiers, les limoniers, les oliviers, les grenadiers, les figuiers, les amandiers, enrichissent de leurs produits les régions méridionales.

Les bois de construction sont surtout des chênes, des ormes, des frênes, des hêtres, des peupliers, des mélèzes, des pins, des sapins. — Les pins, les bouleaux, les trembles, les sorbiers, les saules, les aunes, sont les arbres qui s'avancent le plus au N. : on les trouve, quoique chétifs, jusqu'au 68e degré de latitude. Les sapins s'arrêtent au 67e degré ; les chênes, les frênes, les hêtres, les tilleuls, au 62e ; les peupliers, au 60e ; le fruit du châtaignier ne mûrit pas au delà du 51e. L'olivier ne dépasse pas le 44e degré ; l'oranger ne va que jusqu'à 43 degrés et demi.

Les céréales et les pommes de terre sont les principaux objets de la culture. Le blé ou froment ne dépasse pas, au N., le 62e degré de latitude ; le seigle va jusqu'au 64e ; l'orge et l'avoine s'avancent jusqu'au 68e. Le riz ne se trouve que vers le midi. Le maïs abonde aussi dans le Midi, mais s'avance au nord bien plus loin que le riz, sans aller, à beaucoup près, aussi loin que le blé.

Le houblon, qui, avec l'orge, sert à fabriquer la bière, est l'objet d'une grande culture dans le N. et les régions médio-septentrionales (Angleterre, Allemagne, Bohême, Belgique, nord de la France).

La vigne tapisse les coteaux des régions méridionales et centrales. Elle ne dépasse pas, sur la côte de l'Océan, le 47e degré et demi. Dans l'intérieur du continent, elle s'avance jusqu'au delà du 51e; car, dans l'intérieur, les étés sont plus chauds, et, par conséquent, plus propres à mûrir les raisins, ainsi que divers autres fruits.

Les principaux légumes sont les navets, les carottes, les pois, les haricots, les fèves, les raves, les choux, qui se cultivent abondamment dans les régions moyennes et septentrionales. La betterave, qui sert surtout à la fabrication du sucre et à la nourriture du bétail, est produite principalement par la France, l'Allemagne, l'Autriche, la Belgique, la Russie.

Le cotonnier et la canne à sucre se rencontrent au sud.

Le lin et le chanvre sont les principaux végétaux propres à faire des tissus; ils abondent surtout en Russie.

Le safran et la garance sont les principales plantes à teinture.

Les principales plantes oléagineuses, après l'olivier, sont le colza, la navette, l'œillette (pavot), qui abondent surtout dans les régions moyennes (France, Allemagne). Les huiles de lin et de chanvre se font particulièrement en Russie.

Le tabac se cultive dans beaucoup de pays, mais spécialement en Russie, en Roumanie, en Hongrie, en Turquie et en Allemagne.

Parmi les animaux domestiques, le cheval, le bœuf, l'âne, le mouton, la chèvre, le chien, le chat, sont à peu près communs à toutes les contrées de l'Europe; le renne est particulier aux régions les plus septentrionales; le chameau ne se montre qu'au S. E.

Les principaux quadrupèdes sauvages sont le sanglier; l'ours, surtout dans les hautes montagnes; le loup, le cerf, le chevreuil, le daim, le renard, le lièvre, le lapin, le blaireau, l'écureuil, qui se trouvent dans presque toute l'Europe; — la marmotte, le chamois, communs dans les Alpes; — le lynx, la loutre, le castor, le chat sauvage, les martres, qui habitent plus particulièrement dans les contrées du N.; — le buffle, le bouquetin, le porc-épic, qui se rencontrent vers le S.; — le chacal, qu'on ne voit qu'au S. E.

Parmi les plus gros oiseaux que possède l'Europe, on peut nommer l'aigle, le faucon, le vautour, le cygne, la grue, la cigogne, le héron, le pélican.

Les plus jolis sont le martin-pêcheur, le jaseur, le guêpier, le chardonneret. Parmi ceux qui chantent le plus agréablement, il faut citer le rossignol, le pinson, le serin, qui ne se trouve sauvage que dans le S.; parmi les migrateurs, l'hirondelle, la caille.

Parmi les reptiles, on n'a guère à redouter que la vipère. La couleuvre est fort commune.

Les poissons d'eau douce sont principalement les brochets, les carpes, les tanches, les perches, les truites. Les esturgeons remontent les grands fleuves de l'E. Dans la mer, on pêche surtout des maquereaux, des sardines, des anchois, des merlans, des soles, des turbots, des limandes, des raies, des thons, des harengs : ces derniers sortent de l'océan Glacial au printemps et se répandent par légions innombrables sur les côtes occidentales.

Parmi les mollusques, il faut citer les huîtres, abondantes presque partout, et, dans la Méditerranée seulement, les jolis argonautes papyracés, les sépias, si utiles par leur couleur, et les pinnes, qui donnent une très-belle soie.

Les principaux crustacés sont les écrevisses, dans les eaux douces, et les homards, dans les eaux marines.

La classe des arachnides offre, dans le S., le redoutable scorpion. — Dans celle des annélides, on distingue la sangsue, si utile en médecine.

Les insectes les plus intéressants sont le ver à soie, particulier aux régions méridionales, et l'abeille, répandue presque partout.

Un des polypes les plus importants est l'éponge, qu'on rencontre surtout dans les parties orientales de la Méditerranée.

GÉOGRAPHIE POLITIQUE [1]

CONTRÉES PRINCIPALES DE L'EUROPE (sans la France).

ÎLES BRITANNIQUES

Les ÎLES BRITANNIQUES, qu'on appelle également *Royaume-Uni de Grande-Bretagne et d'Irlande*, ou royaume de *Grande-Bretagne*, d'après la plus étendue de ces îles, sont situées au N. O. de la France, dont elles sont séparées par la *Manche* et par le *Pas de Calais*. L'océan Atlantique les baigne à l'O. et au N., et il forme à l'E., entre ces îles et le Danemark, la mer du *Nord* ou d'*Allemagne*. Elles sont comprises entre 50° et 61° de latitude N.

Les deux principales îles Britanniques sont la *Grande-Bretagne*, à l'E., et l'*Irlande*, à l'O. Elles sont séparées l'une de l'autre par la mer d'*Irlande* et par les détroits assez larges qu'on appelle *canal Saint-George* et *canal du Nord*.

La GRANDE-BRETAGNE, très-allongée du N. au S., est découpée à l'O. par de nombreuses échancrures, et généralement escarpée de ce côté, mais offre à l'E. des côtes basses et assez régulières. Elle comprend trois pays : l'**Angleterre**, le pays de **Galles** et l'**Écosse**.

L'ANGLETERRE (en anglais *England*) forme la partie méridionale de l'île. Elle est entrecoupée de beaux pâturages, de champs bien cultivés, et possède de riches mines de houille, de fer, d'étain, de plomb, de cuivre. Elle renferme au N. les montagnes du *Pic*, la chaîne *Pennine* et les monts *Cumbriens*, riches en sites pittoresques ; elle est arrosée par la *Tamise* au S. E., l'*Humber* au N. E., la *Mersey* au N. O., et la *Saverne* (qui se jette dans le *canal de Bristol*) au S. O. — Un grand nombre de canaux et de chemins de fer la traversent dans tous les sens ; les arts, le commerce et l'industrie y sont partout florissants.

---

[1]. La Géographie politique est l'objet principal de cette partie de l'ouvrage ; mais, en même temps, nous donnerons un aperçu général de l'aspect physique de chaque contrée.

Les villes principales sont :

Au N., *Newcastle*, célèbre par ses mines de charbon de terre; *York*, très-ancienne; *Hull*, port très-commerçant, à l'embouchure de l'Humber; *Sheffield* (240 000 h.), *Leeds* (260 000 habit.), villes industrielles; *Manchester*, ville très-peuplée (480 000 habit., en y comprenant *Salford*), fameuse par ses nombreuses manufactures; *Liverpool* (500 000 h.), port célèbre, à l'embouchure de la Mersey.

Au milieu, *Birmingham* (345 000 h.), renommée par ses manuf. d'armes; *Nottingham*, *Leicester*, *Norwich*, par leurs tissus; *Oxford* et *Cambridge*, avec des universités célèbres.

Au S., LONDRES (en anglais *London*); grande et belle ville, sur la Tamise, capitale de l'Angleterre et de tout le royaume des îles Britanniques, et peuplée de 3 millions 300 000 habitants; *Greenwich*, sur le même fleuve, avec un observatoire important, où les Anglais font passer le premier méridien; *Douvres*, sur le Pas de Calais, en face de la ville française de Calais; *Brighton*, sur la Manche; *Portsmouth*, *Southampton* et *Plymouth*, ports de mer fameux, aussi sur la Manche; *Exeter*, près de la même mer; *Bristol* (285 000 habitants), port riche par son commerce, vers le golfe de ce nom; *Bath*, avec des eaux minérales célèbres.

Le pays de GALLES (*Wales*), à l'O. de l'Angleterre, est couvert de montagnes (monts *Cambriens*) et peu fertile. Il se divise en *Galles du Nord* et *Galles du Sud*; sa plus grande ville est *Merthyr-Tydvil*, au S., ville manufacturière, au milieu de riches mines de houille et de fer.

L'ÉCOSSE (*Scotland*) occupe le N. de la Grande-Bretagne. Elle a, au centre et au N., des montagnes arides et sauvages, dont les plus remarquables sont les monts *Grampiens*; au S., elle présente des plaines agréables et fertiles, qui sont séparées de l'Angleterre par les monts *Cheviot*, et qui sont arrosées à l'E. par le *Forth*, à l'O. par la *Clyde*. Elle est parsemée de lacs, dont le plus important est le lac *Lomond*, à l'O. — Les villes principales sont *Edimbourg* (en anglais *Edinburgh*), capitale de l'Écosse (200 000 habitants); *Leith*, qui lui sert de port; *Glasgow*, la ville la plus peuplée de ce pays (480 000 habitants) et la plus importante par ses ma-

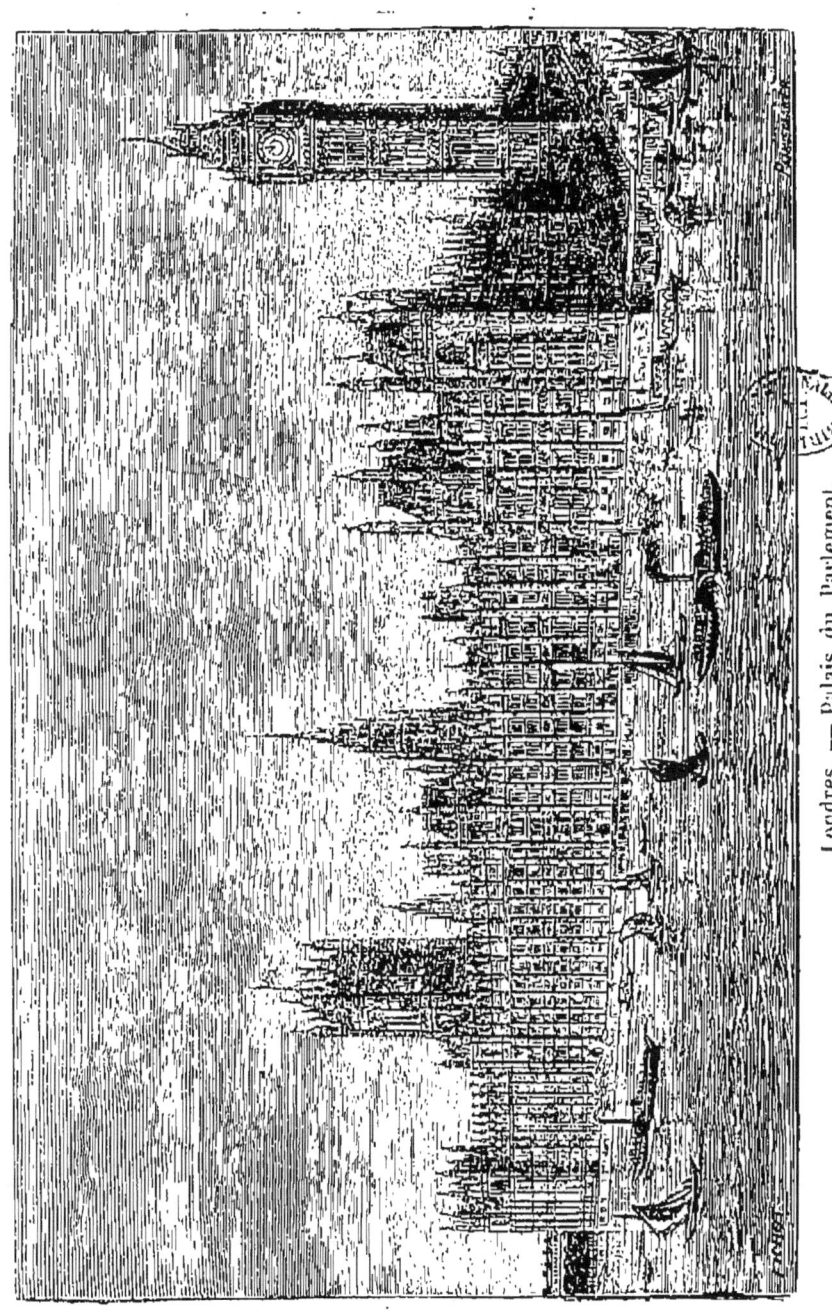

Londres. — Palais du Parlement.

nufactures; *Dundee* et *Aberdeen*, deux ports de la côte orientale; *Greenock*, port de la côte occidentale; *Paisley*, ville manufacturière.

L'IRLANDE (*Ireland*) a un climat humide et un sol fertile, mais marécageux sur plusieurs points, et entrecoupé de lacs, dont les plus remarquables sont les lacs *Erne* et *Neagh*, au N., et ceux de *Killarney*, au S. O. Elle est traversée par le *Shannon*, qui forme beaucoup de lacs et se jette dans l'Atlantique, sur la côte O. de l'île, par un large estuaire.

L'île est partagée en quatre provinces : au N., l'**Ulster**, où se trouvent les villes de *Londonderry* et de *Belfast*, port très-florissant (175 000 habit.); — à l'E., le **Leinster**, où l'on voit *Dublin* (300 000 habit.), capitale de l'Irlande, dans une magnifique position, au fond d'une vaste baie, et *Kilkenny*, très-jolie ville; — au S., le **Munster**, où sont *Cork*, remarquable par son port et son commerce; *Limerick*, port vers l'embouchure du Shannon, et *Waterford*, autre port sur la Suir; — enfin, à l'O., le **Connaught**, dont la plus grande ville est *Galway*, sur une baie de même nom.

L'Angleterre est divisée en 40 *comtés*; le pays de Galles, en 12; l'Écosse, en 33; l'Irlande, en 32.

Plusieurs petites îles sont répandues autour des deux grandes îles Britanniques. Les plus remarquables sont les *Orcades* ou *Orkney*, situées près et au N. de l'Écosse, sous un climat humide; — les îles *Shetland*, rocailleuses et stériles, au N. E. des Orcades; — les *Hébrides*, montagneuses et d'un aspect sauvage, à l'O. de l'Écosse; — l'île de *Man*, au centre de la mer d'Irlande; — *Anglesey*, fertile et agréable, au N. O. du pays de Galles; — les îles *Sorlingues* ou *Scilly*, vers le cap *Land's End* (c'est-à-dire fin de la terre), qui forme l'extrémité S. O. de l'Angleterre; — l'île de *Wight*, située dans la Manche, et que son climat très-doux et son bel aspect ont fait surnommer le *Jardin* de l'Angleterre.

Les îles *Anglo-Normandes*, d'un climat très-doux aussi, dans la Manche, près des côtes de France, appartiennent également au royaume des îles Britanniques. Les principales sont *Jersey* et *Guernesey*.

Les îles Britanniques ont un gouvernement monarchique : le pouvoir du *roi* ou de la *reine* (car les reines peuvent régner dans cet État) est limité par le *Parlement*, qui se compose de deux assemblées : l'une est la *chambre des pairs* ou *des lords*, dont les membres sont choisis par le souverain ; l'autre est la *chambre des communes*, dont les membres sont élus par le peuple.

Ces îles renferment environ 32 millions d'habitants. Tout l'empire Britannique, avec les grandes possessions qu'il a hors d'Europe, en comprend plus de 200 millions.

La religion dominante en Angleterre est la religion *anglicane*, qui est une division du protestantisme ; elle considère le souverain comme chef suprême de l'Église, et a des archevêques (à Cantorbéry, à York) et des évêques. En Écosse, règne la religion *presbytérienne*, qui n'admet ni chef de l'Église, ni évêques. Enfin, les Irlandais sont la plupart catholiques.

Colonies et puissance extérieure. — Outre les îles Britanniques proprement dites, la Grande-Bretagne possède, en Europe, *Gibraltar*, les trois îles de *Malte* et l'île de *Helgoland*. — En Asie, elle a la plus grande partie de l'*Hindoustan*, *Ceylan*, une partie de l'*Indo-Chine*, avec les îles de *Poulo-Pinang* et de *Singapour* ; l'île de *Hong-kong*, en Chine ; *Aden* et l'île de *Périm*, dans l'Arabie. — En Afrique, la colonie du *Cap*, celle de *Natal*, l'île *Maurice*, les *Séchelles*, *Sainte-Hélène*, l'*Ascension* ; la côte de *Sierra-Leone*, *Cap-Corse*, *Elmina* et d'autres points de la *Guinée supérieure* ; la colonie de la *Gambie*. — En Amérique, le *Canada*, la *Nouvelle-Écosse*, le *Nouveau-Brunswick* et d'autres régions des parties boréales de l'Amérique du Nord ; *Terre-Neuve* et d'autres îles près du golfe de Saint-Laurent ; la *Guyane* anglaise, l'*Yucatan* anglais, les îles *Bermudes*, la *Jamaïque*, les *Lucayes*, et plusieurs des *Petites Antilles* (la *Dominique*, *Sainte-Lucie*, la *Barbade*, la *Trinité*, etc.). — Dans l'Océanie, l'*Australie* (divisée en *Nouvelle-Galles méridionale*, *Victoria*, etc.), la *Tasmanie*, la *Nouvelle-Zélande* et plusieurs autres îles du grand Océan. (Ces terres océaniennes forment ce que les Anglais appellent leurs possessions d'*Australasie*).

BELGIQUE

La BELGIQUE, comprise dans les bassins de la *Meuse* et de l'*Escaut*, est bornée au N. par le royaume des Pays-Bas; à l'E., par le même royaume, celui de Prusse et le grand-duché de Luxembourg; au S. O., par la France, et à l'O. par la mer du Nord. Sa latitude moyenne est au 50° degré et demi.

Elle est agréablement parsemée de champs bien cultivés, de pâturages, de forêts. Elle possède de riches mines de charbon de terre. C'est, en général, un pays de plaines; cependant il y a au S. E. quelques montagnes, dont les plus remarquables sont celles des *Ardennes*.

Bruxelles. — Hôtel de ville.

On y trouve les provinces de *Flandre occidentale, Flandre orientale, Anvers, Brabant méridional, Limbourg belge, Liége, Namur, Hainaut* et *Luxembourg belge*.

Les villes les plus importantes sont: *Bruges, Ostende, Gand; Anvers*, port célèbre sur l'Escaut; *Malines;* BRUXELLES (300 000 hab.), qui est la capitale du royaume, et près de laquelle est le village de *Waterloo*, fameux par une bataille en 1815; *Liége, Verviers, Namur, Mons, Tournai*. Dans le voisinage de ces trois dernières villes, on voit plusieurs lieux illustrés par des victoires des Français : ce sont particulièrement *Fleurus, Fontenoy, Jemmapes.*

Le gouvernement est monarchique. Le pouvoir du roi est limité par le sénat et la chambre des représentants.

La population de ce royaume est de 5 millions d'âmes.

On y parle généralement le français. Cependant le flamand est fort répandu à l'O., et le wallon à l'E.

PAYS-BAS

Le royaume des PAYS-BAS, de NÉDERLANDE ou NÉERLANDE, que souvent aussi on appelle *Hollande*, du nom de sa principale province, est borné au N. et à l'O. par la mer du Nord, à l'E. par l'Allemagne, au S. par la Belgique. La latitude moyenne est au 52ᵉ degré.

Le sol est bas, humide, exposé aux inondations de la mer et des fleuves, et entrecoupé de canaux et de digues innombrables. Cette contrée renferme le profond golfe de *Zuiderzee*, qui s'est formé au treizième siècle. Le *Rhin* et la *Meuse* la parcourent de l'E. à l'O., et s'y divisent en plusieurs branches. L'*Escaut* s'y jette dans la mer, au S. O., par deux larges embouchures.

Les Pays-Bas ont formé pendant longtemps une république sous le nom de *Provinces-Unies*, et ensuite sous celui de *république Batave*. Ils comprennent les provinces de *Hollande septentrionale, Hollande méridionale, Utrecht, Zélande, Brabant septentrional, Gueldre, Over-Yssel, Frise, Drenthe, Groningue, Limbourg hollandais*.

On remarque, dans ce royaume, de nombreuses villes florissantes, comme AMSTERDAM (265 000 hab.), la capitale, fameuse par son port et son commerce, et située sur l'*Y*, bras du Zuider-zee; *Harlem*, près de l'emplacement d'un lac de même nom, qui a été desséché : *Leyde*, connue par ses draps; *la Haye* (90 000 hab.), belle ville, agréablement située, résidence du roi et qui est comme la seconde capitale du royaume; *Rotterdam* (100 000 hab.), port très-commerçant, sur la Meuse; *Utrecht*, célèbre par deux traités; *Bois-le-Duc, Nimègue* (traité de 1678-1679), *Groningue, Maestricht*, célèbre place forte.

Le gouvernement est monarchique. Le pouvoir du roi est limité par deux chambres, qui prennent le nom d'États généraux.

Les habitants, au nombre d'environ 3 800 000, professent presque tous le *calvinisme*, une des branches de la religion protestante. Ils parlent généralement le hollandais.

Les Pays-Bas ont d'importantes colonies hors d'Europe. Les principales sont : en Amérique, la *Guyane hollandaise*, *Saint-Eustache*, *Curaçao* et quelques autres Antilles ; — dans l'Océanie, *Java*, plusieurs autres îles de la *Sonde*, une partie de *Sumatra*, de *Bornéo*, de *Célèbes*, des *Moluques*. Les possessions océaniennes sont de beaucoup les plus importantes.

La population de toutes les colonies néerlandaises est de 23 millions d'habitants.

GRAND-DUCHÉ DE LUXEMBOURG

Le grand-duché de LUXEMBOURG, qui est sous la souveraineté du roi des Pays-Bas, sans faire partie de ce royaume, forme un pays neutre entre la Belgique, la France et la Prusse.

Les montagnes des *Ardennes*, couvertes de forêts, occupent une grande partie du territoire du grand-duché. La *Moselle* en forme la limite orientale.

La population est de 200 000 habitants. Elle parle généralement le français.

La capitale est *Luxembourg*.

MONARCHIE SCANDINAVE

ou

SUÈDE ET NORVÉGE.

La SUÈDE et la NORVÉGE sont deux royaumes réunis sous *un seul monarque*, et sont comprises dans la vaste presqu'île de la *Sandinavie*, qui est la partie la plus septentrionale de l'Europe continentale (entre 54° et 71° de latitude). Cette presqu'île est baignée : au N., par l'océan Glacial arctique ; à l'O., par l'océan Atlantique ; au S. O., par le Skager-Rack, le Cattégat et le Sund ; à l'E. et au S., par la

CONTRÉES PRINCIPALES.

mer Baltique. Au N. E., elle tient à la Russie, vers laquelle elle a pour limite le fleuve *Torneå*.

La Suède et la Norvége sont séparées l'une de l'autre par la chaîne des monts *Dofrines*, ou *Alpes Scandinaves*. Le *Dal-elf*, qui coule à l'E. et se jette dans le golfe de Botnie, est le plus long fleuve de la presqu'île. Le *Luleå*, autre tributaire de ce golfe, forme une magnifique cataracte.

La SUÈDE est assez fertile au S., mais stérile au N. ; elle est pleine de lacs et entrecoupée de nombreuses rivières. Elle possède de riches mines de fer et de cuivre, et de précieuses forêts de sapins.

Elle renferme, dans la région du Nord, c'est-à-dire dans le *Nordland*, une portion de la *Laponie*, pays triste et froid, dont les habitants sont remarquables par leur petite taille. Elle contient encore, vers le N., une partie de la *Botnie*, dont la Russie occupe le reste.

Au milieu, la *Suède propre* comprend l'ancienne province de *Dalécarlie*, célèbre par ses mines de cuivre ; — la ville de STOCKHOLM (135 000 hab.), capitale du royaume, située agréablement sur le lac *Mœlar*, près de la mer Baltique ; — et la ville d'*Upsal*, connue par son université.

Au S., s'étend la grande province de *Gothie*, qui est baignée par les lacs *Vener* et *Vetter*, unis par le canal de Gœtha, et dont la plus importante ville est *Gothembourg* ou *Gœtheborg*, au S. O., à l'embouchure de la rivière Gœtha.

Dans la mer Baltique, à l'E. de la Gothie, on trouve les îles de *Gottland* et d'*Œland*, qui ont des forêts et des prairies.

La NORVÉGE est partout hérissée de montagnes escarpées, tantôt arides et nues ou couvertes de glaciers, tantôt revêtues de grandes forêts de pins et de sapins. Elle est parsemée de lacs et traversée par de nombreuses rivières, qui forment de belles cascades. Ses côtes, remplies de rochers, sont découpées par une infinité de golfes profonds ou *fiords*. Le climat, quoique beaucoup plus doux que dans les autres pays d'Europe placés à la même latitude, a des parties très-froides au N., dans la *Laponie norvégienne*, où l'on ne voit croître qu'une herbe maigre, des lichens, de la mousse ; il s'y trouve un animal très-utile, le renne.

La capitale de la Norvége est CHRISTIANIA (65 000 hab.), dans le S., au fond d'un golfe de même nom. — La seconde ville du royaume est *Bergen*. — On remarque aussi *Trondhiem*.

Près et au N. O. de la Norvége, on voit les nombreuses îles *Lofoden*, rocailleuses et stériles, près desquelles on fait une grande pêche de morue. Au S. O. de ces îles, est le dangereux gouffre de *Malstrœm*. Au N. E., est le cap *Nord* (à 71° de latitude), qui forme l'extrémité septentrionale de la Norvége et de l'Europe.

On peut considérer comme une annexe de la Norvége l'archipel très-froid et inhabité du *Spitzberg*, situé assez loin au nord de ce pays.

L'autorité du roi de la monarchie scandinave est limitée par deux *diètes* (assemblées de députés), l'une pour la Suède, l'autre pour la Norvége.

Quoiqu'elle soit beaucoup plus grande que la France, cette monarchie ne renferme que 6 millions d'habitants (4 200 000 pour la Suède, 1 800 000 pour la Norvége); divisés en *Suédois*, *Norvégiens*, *Finnois* et *Lapons*. On parle deux langues principales : le suédois, et, en Norvége, le danois. La religion est le luthéranisme. La langue des Lapons est un dialecte finnois.

La Suède possède, hors de l'Europe, la petite île de *Saint-Barthélemy*, aux Antilles.

DANEMARK

Le DANEMARK est composé de deux parties distinctes : l'*archipel Danois*, et le nord de la *presqu'île Cimbrique*.

Les principales îles de l'archipel se trouvent entre la Baltique, au S., et le Cattégat, au N. Les deux plus grandes sont : 1° *Seeland*, agréable, fertile, et séparée de la Suède, à l'E., par le détroit du *Sund* : elle renferme la belle ville maritime de COPENHAGUE (180 000 hab.), capitale du Danemark, et le port commerçant d'*Elseneur*. — 2° *Fionie*, qui se trouve entre le détroit du *Grand-Belt*, à l'E., et celui du *Petit-Belt*, à l'O. ; *Odense* en est le chef-lieu.

La partie danoise de la presqu'île Cimbrique comprend le

CONTRÉES PRINCIPALE. 63

Copenhague.

Jutland, qui s'avance en pointe au N., vers le Skager-Rack, et qui est baigné à l'O. par la mer du Nord, à l'E. par le Cattégat.

La population du Danemark est de 1 million 800 000 hab.

L'*Islande*, en danois *Island* (terre de glace), située au N. O. des îles Britanniques, dans l'océan Atlantique et un peu dans l'océan Glacial, bien loin du Danemark, fait partie de ce royaume. Elle est couverte de montagnes escarpées, stériles, continuellement revêtues de neige et de glace et dont plusieurs sont des volcans. La plus célèbre de ces montagnes est l'*Hekla*, sur la côte méridionale.

Au S. E. de l'Islande, est le groupe des îles *Færœer*, qui dépend aussi du Danemark.

Le *Groenland*, en Amérique, appartient également à ce royaume, de même que l'île *Sainte-Croix*, dans les *Petites-Antilles*. Les Danois ont cédé récemment aux États-Unis *Saint-Thomas* et *Saint-Jean*, qu'ils avaient dans ces mêmes Antilles.

Le gouvernement est une monarchie. Le pouvoir du roi est limité par l'Assemblée nationale (*Rigsdag*).

La religion des Danois est généralement le luthéranisme.

ALLEMAGNE

L'ALLEMAGNE (en allemand *Deutschland*) est une vaste contrée située au centre de l'Europe, à l'E. de la France, de la Belgique et des Pays-Bas, au N. de la Suisse et de l'Italie, à l'O. de l'empire austro-hongrois et de l'empire russe.

Elle est baignée au N. par la mer du Nord et la mer Baltique. Ailleurs, ses frontières naturelles sont : à l'O., les Vosges, du côté de la France ; au S., le Rhin, du côté de la Suisse, et des rameaux des Alpes, vers l'empire austro-hongrois ; à l'E., l'Inn, les monts du Bœhmer-wald, de l'Erz-Gebirge, du Riesen-Gebirge, vers le même empire ; ensuite les limites orientales, vers l'empire russe, passent vaguement à travers des plaines. — Latitude : de 47° à 55° N.

L'Allemagne est, vers le S., couverte par les *Alpes* ; — au S. O., par les montagnes de la *Forêt-Noire* ; — au centre, par les montagnes des *Pins* (*Fichtel-Gebirge*) et celles de la

Thuringe (*Thüringer-Wald*); — à l'E., par les montagnes du *Bœhmer-Wald* (*Forêt de Bohême*), par celles de l'*Erz-Gebirge* (*montagnes des Mines*) et par le *Riesen-Gebirge* (*monts des Géants*); — à l'O., par les *Vosges* et les monts *Eifel*.

Au N., elle renferme les montagnes du *Harz*, renommées par leurs mines; mais elle offre aussi, dans cette partie, de vastes plaines marécageuses et froides.

Quatre fleuves principaux, tributaires de la mer du Nord, arrosent l'O. et le centre de l'Allemagne. Ce sont : le *Rhin*, qui s'y grossit du *Necker*, du *Main*, de la *Moselle*, de la *Lahn* et de la *Lippe*; — l'*Ems*, qui a son embouchure dans la baie de *Dollart*; — l'*Iahde*, qui se jette dans la baie de même nom; — le *Weser*, qui se forme par la réunion de la *Werra* et de la *Fulde*, et qui a un large estuaire; — l'*Elbe*, qui reçoit la *Mulde* et la *Saale*, et a aussi une large embouchure.

Au N. E., cette contrée est traversée par l'*Oder*, qui se rend dans la mer Baltique, en s'épanchant dans un golfe intérieur nommé *Pommersche-Haff*; — par la *Vistule* et le *Niémen*, aux embouchures desquels sont les lagunes appelées *Frische-Haff* et *Curische-Haff*.

Au S., coule le *Danube*, qui s'augmente de l'*Isar* et de l'*Inn*, et qui va, bien loin de l'Allemagne, se jeter dans la mer Noire.

On compte 41 millions d'habitants dans l'Allemagne. Ceux du S. sont généralement catholiques, et ceux du N. luthériens et calvinistes.

L'Allemagne a formé la *confédération Germanique*, de 1815 à 1866. Elle a constitué, après cette dernière époque, deux parties distinctes : la *conféderation de l'Allemagne du Nord*, ayant pour État principal la Prusse; et les *États de l'Allemagne du Sud* (Bavière, Würtemberg, etc.). — En 1871, ces deux parties se sont fondues en un seul ensemble, qui a pris le nom d'*empire d'Allemagne*, et a reconnu le roi de Prusse pour empereur. Un parlement (*Reichstag*), siégeant à Berlin, représente toute la nation allemande. — Nous allons examiner séparément les divers États de cet empire.

PRUSSE.

La PRUSSE, qui se composait récemment encore de deux parties séparées par divers États de l'Allemagne, forme depuis 1866 un territoire compacte et ininterrompu, qui s'étend de l'E. à l'O. depuis la Russie jusqu'à la France; et du N. au S. depuis la mer Baltique et la mer du Nord jusqu'aux monts des Géants, du côté de l'Autriche, et au Main, du côté de la Bavière et du grand-duché de Hesse.

On peut la partager en deux divisions générales : les *anciennes provinces* et les *provinces nouvellement annexées*.

Les ANCIENNES PROVINCES sont au nombre de huit, dont deux à l'E., vers la Russie, ne sont pas allemandes, mais slaves et lettones : l'une est la province de *Prusse* (divisée en *Prusse orientale* et *Prusse occidentale*); l'autre, la province de *Posen*. Elles sont basses, marécageuses et parsemées de lacs, dont les plus grands sont le *Curische-Haff* et le *Frische-Haff*, près de la mer Baltique; on y voit couler le *Niémen* et la *Vistule*.

Au milieu, on trouve les provinces de *Poméranie*, de *Brandebourg*, de *Saxe* et de *Silésie*, qui sont allemandes de langue généralement, et slaves sur quelques points. Les deux premières sont plates, humides et entrecoupées d'un grand nombre de lacs; les autres présentent quelques montagnes, abondent en gras pâturages, et sont riches en minéraux. L'*Oder* (qui reçoit la *Warthe*) et l'*Elbe* (qui se grossit du *Havel*, augmenté lui-même de la *Sprée*) arrosent cette partie du royaume de Prusse.

A l'O., s'étendent les provinces de *Westphalie* et du *Rhin*, qui sont allemandes en général, et wallones sur une petite étendue. Elles touchent aux Pays-Bas, à la Belgique et à la France; leur sol est agréablement varié de collines et de vallées fertiles; elles sont arrosées par le *Weser*, le *Rhin* et la *Moselle*.

Les plus grandes villes des anciennes provinces sont :

A l'E., *Kœnigsberg*, sur le Pregel; — *Dantzick* ou *Danzig*, sur un golfe de même nom, vers l'embouchure de la Vistule, avec un port très-fréquenté.

Au milieu, BERLIN, capitale de la Prusse et de toute l'Allemagne, sur la Sprée, avec 825 000 hab. ; — *Potsdam*, dans une position agréable, sur le Havel, avec de célèbres châteaux royaux ; — *Brandebourg*, ville industrielle, qui a donné son nom à la province située au cœur du royaume ; — *Francfort-sur-l'Oder*, qui a des foires renommées ; — *Magdebourg*, place très-forte, sur l'Elbe ; — *Halle*, fameuse par son université ; — *Breslau*, 2e ville du royaume par la population (200 000 h.), sur l'Oder ; — *Stettin*, le port le plus commerçant de la Prusse, aussi sur l'Oder. — *Stralsund*, sur la Baltique, en face de l'île de Rügen.

A l'O., *Munster*, connue par le traité de 1648 ; — *Cologne*, sur le Rhin, remarquable par son antiquité, son agréable situation, son grand commerce ; — *Düsseldorf*, belle ville, sur le Rhin ; — *Elberfeld*, *Barmen*, fameuses par leur industrie ; — *Aix-la-Chapelle*, célèbre par ses eaux thermales, et surtout parce qu'elle fut la résidence de Charlemagne ; — *Coblentz*, au confluent de la Moselle et du Rhin ; — *Trèves*, très-ancienne ville, sur la Moselle.

Parmi les anciennes possessions, il faut encore nommer le pays de *Hohenzollern*, dans le S. de l'Allemagne, et le petit territoire de l'*Iahde*, enclavé dans l'Oldenbourg.

Les PROVINCES NOUVELLEMENT ANNEXÉES sont :

La province de *Slesvig-Holstein*, formée d'anciens duchés qui appartenaient au Danemark, dont ils ont été détachés en 1864.

La province de *Hanovre* (formée de l'ancien royaume de même nom), et celle de *Hesse-Nassau* (formée surtout des anciens États de Hesse électorale et de Nassau).

Il faut y ajouter le duché de *Lauenbourg*, sur la rive droite de l'Elbe, enlevé au Danemark, et qui forme une division administrative séparée.

On remarque comme villes principales :

Slesvig, *Flensbourg*, *Kiel*, *Altona*, *Rendsbourg*, dans la province de Slesvig-Holstein.

Hanovre (80 000 habit.) ; *Gœttingue*, fameuse par son université ; *Osnabruck*, par le traité de 1648 ; et *Emden*, par son port, dans la province de Hanovre.

Cassel, Wiesbaden, Francfort-sur-le-Main (91 000 h.), ancienne ville libre, importante par son grand commerce et par ses foires, dans la province de Hesse-Nassau.

La population de ce royaume est d'environ 25 millions d'habitants.

Le roi règne avec le concours de deux chambres : la chambre des seigneurs et celle des députés.

La religion protestante dite évangélique (calvinisme et luthéranisme confondus) est professée par la majorité; il y a aussi des catholiques, surtout à l'ouest. La langue allemande est parlée presque partout dans le royaume de Prusse; cependant les langues polonaise et lettone sont fort répandues dans les provinces les plus orientales, et la langue wende (une des langues slaves) dans la partie moyenne.

ROYAUME DE SAXE, DUCHÉS DE SAXE ET AUTRES ÉTATS DE THURINGE, GRANDS-DUCHÉS DE MECKLENBOURG, VILLES LIBRES, BRUNSWICK, WALDECK, LIPPE, OLDENBOURG.

Les États groupés autour de la Prusse dans le N. de l'Allemagne sont, en s'avançant de l'E. à l'O. : 1° le royaume de SAXE, arrosé par l'Elbe, et peuplé de 2 600 000 hab.; — 2° les ÉTATS DE THURINGE, c'est-à-dire : les quatre duchés de *Saxe* (*Saxe-Weimar*, grand-duché; *Saxe-Cobourg-Gotha*, *Saxe-Meiningen*, *Saxe-Altenbourg*); — les deux principautés de *Reuss*; — les deux principautés de *Schwarzbourg*; — e duché d'*Anhalt*; — 3° les deux grands-duchés de MECKLENBOURG; — 4° les VILLES LIBRES de *Hambourg*, de *Lübeck* et de *Brême*; — 5° le duché de BRUNSWICK; — 6° la principauté de WALDECK; — 7° les deux principautés de LIPPE; — 8° le grand-duché d'OLDENBOURG.

Voici les villes principales qu'on y remarque :

Dresde (180 000 hab.), capitale du royaume de Saxe, grande et belle ville, sur l'Elbe; — *Leipzig* (dans le même royaume), célèbre par son université, ses foires, son commerce de livres et une bataille en 1813.

Weimar, *Gotha* et *Altenbourg*, les trois plus grandes villes des duchés de Saxe; — *Iéna* (dans le grand-duché de Saxe-

Weimar), fameuse par son université et par une victoire des Français en 1806. — (Presque toutes les villes des duchés de Saxe se distinguent par une culture très-avancée des lettres et des sciences.)

Dessau, capitale du duché d'Anhalt.

Schwerin, capitale du grand-duché de Mecklenbourg-Schwerin.

Hambourg (240 000 hab.), port très-fréquenté, sur l'Elbe, et, après Berlin, la plus grande ville de l'Allemagne; — *Lübeck*, port sur la Baltique, et *Brême*, port sur le Weser, deux autres villes très-commerçantes, et désignées, avec Hambourg, sous le titre de villes *Hanséatiques* (c'est-à-dire alliées pour le commerce).

Brunswick, *Oldenbourg*, capitales des duchés de même nom.

BAVIÈRE, WURTEMBERG, BADE, GRAND-DUCHÉ DE HESSE, ALSACE-LORRAINE.

La BAVIÈRE est un royaume assez considérable, situé vers la partie la plus méridionale de l'Allemagne. Deux parties séparées composent cet État : la plus considérable, à l'E., dans les bassins du Danube et du Main, comprend la *Bavière propre*, la *Franconie*, la *Souabe*, le *Haut-Palatinat* et les villes suivantes :

Munich, très-belle ville, de 170 000 habitants, capitale de la Bavière, sur l'Isar; — *Augsbourg*, une des places les plus commerçantes de l'Allemagne; — *Nuremberg*, où l'on a inventé les montres et les pendules, et où l'on fabrique beaucoup de mercerie, d'instruments de musique et de mathématiques, de jouets d'enfants, etc. ; — *Würzbourg*, sur le Main; — *Bamberg*; — *Ratisbonne*, sur le Danube.

L'autre partie, à l'O., est le *cercle du Rhin*, la *Bavière rhénane* ou le *Bas-Palatinat*, avec les villes de *Spire*, sur le Rhin, de *Deux-Ponts* et de *Landau*, importante place forte.

La Bavière possède 4 900 000 habitants.

Le WURTEMBERG est un joli royaume, très-bien cultivé et très-peuplé, sur le versant oriental de la Forêt-Noire, dans les bassins du Danube et du Necker. — *Stuttgart*, capitale;

Louisbourg, qui est souvent la résidence du roi ; — *Ulm*, sur le Danube, fameuse par la prise qu'en firent les Français en 1805, en sont les villes principales. — Le royaume a 1 800 000 habitants.

Le grand-duché de BADE (1 500 000 hab.) est renfermé entre la Forêt-Noire et le Rhin ; il touche, au S. E., au lac de Constance ; — *Carlsruhe*, très-jolie ville, est la capitale. — Autres villes : *Bade (Baden-Baden)*, renommée par ses eaux minérales ; — *Manheim*, au confluent du Necker et du Rhin ; — *Fribourg en Brisgau*, *Heidelberg*, célèbres par leurs universités ; — *Constance*, à l'endroit où le Rhin sort du lac de ce nom.

Le grand-duché de HESSE (850 000 hab.) est partagé en deux parties : la plus considérable est au S. du Main et sur

Mayence.

le Rhin, et renferme : *Darmstadt*, capitale ; — *Mayence*, ville forte, dans un pays fertile en vins renommés, au confluent du Rhin et du Main.

L'autre partie, au N. du Main, a pour ville principale *Giessen*.

Le gouvernement d'ALSACE-LORRAINE (1 550 000 hab.), formé de territoires que la France a eu la douleur de perdre récemment et qu'elle a cédés par le traité de 1871, comprend les anciens départements du Haut-Rhin (sauf Belfort) et du Bas-Rhin, la plus grande partie de l'ancien département de la Moselle et environ le tiers de celui de la Meurthe. — *Strasbourg* en est la capitale ; *Metz, Mulhouse* et *Colmar* en sont ensuite les plus grandes villes.

EMPIRE AUSTRO-HONGROIS

L'EMPIRE AUSTRO-HONGROIS, qu'on appelait auparavant *empire d'Autriche*, est situé au centre de l'Europe, et touche, vers l'O., à l'empire d'Allemagne et à la Suisse ; au S. O., à l'Italie ; au N., à l'empire d'Allemagne et à l'empire de Russie ; à l'E., à ce dernier. Au S., les monts Carpathes, le Danube et la Save le séparent de la Roumanie, de la Serbie et de la province turque de Bosnie ; il est aussi borné de ce côté par l'*Adriatique*, dans laquelle il a un grand nombre d'îles, formant l'archipel *Dalmate-Illyrien*. — Latit. moy. : 48°.

Les parties les plus occidentales de l'empire sont habitées par des Allemands, et composent l'archiduché d'*Autriche* (divisé en *pays au-dessous de l'Ens* et *pays au-dessus de l'Ens*), le duché de *Salzbourg*, la *Carinthie* et le nord du *Tyrol*.

D'autres parties, aussi à l'O., la *Styrie* et la *Carniole*, ont une population mélangée d'Allemands et de Slaves.

Le S. du *Tyrol* et une région qui s'étend sur la côte N. de l'Adriatique sous le nom de *Littoral illyrien*, sont des pays italiens plutôt qu'allemands, et se trouvent dans le S. O. de l'empire.

Dans le N. O., sont la *Bohême*, la *Moravie* et le duché de *Silésie*, pays surtout slaves : les Tchèkhes ou Bohèmes et les Slovaques en sont les principaux habitants. Cependant il y a aussi des Allemands.

Vers le centre, est la *Hongrie*, habitée par les Hongrois ou Magyars et par des Slaves (Slovaques et Ruthènes).

Au S., sont : 1° le royaume de *Croatie* et d'*Esclavonie* ; 2° les *Confins militaires* (composés de deux parties principales, la *Croatie militaire* et l'*Esclavonie militaire*) ; 3° la ville libre royale de *Fiume* ; 4° la *Dalmatie*. Ces divisions

Vue générale de Vienne.

sont peuplées par des Slaves (Croates, Esclavons, Serbes). Il y a aussi des Italiens en Dalmatie.

Au S. E., on trouve la *Transylvanie*, habitée par des populations diverses, surtout par des Roumains.

Au N. E., la *Galicie*, peuplée de Slaves, et la *Bukovine*, peuplée de Roumains.

Les *Alpes* couvrent le S. O. de l'empire. Les monts *Carpathes* s'étendent dans le N., le N. E., l'E. et le S. E. Entre ces deux grandes chaînes, coule le *Danube*, qui se dirige du N. O. au S. E., en s'augmentant du *Vag*, de la *Theiss*, de l'*Inn*, de l'*Ens*, de la *Leitha*, de la *Drave* et de la *Save*. Il parcourt de vastes plaines, dont quelques-unes sont marécageuses. — L'*Elbe* arrose la Bohème, et coule à travers un pays agréable et fertile. — Le *Dniestr* et la *Vistule*, dans le N. E., arrosent les plaines de la Galicie. — Dans le S. O., l'*Adige* traverse le Tyrol et se dirige vers l'Adriatique.

Le lac *Balaton* ou *Platten-see* s'étend dans la partie occidentale de la Hongrie; le lac de *Garde* touche l'extrémité sud du Tyrol, et le lac de *Constance*, formé par le *Rhin*, en baigne l'extrémité O.

VIENNE (en allemand *Wien*), capitale de l'empire et en particulier de l'archiduché d'Autriche, est située au milieu d'une plaine fertile, sur le Danube, dans la Basse-Autriche (partie orientale de l'archiduché, ou pays au-dessous de l'Ens); elle est peuplée de plus de 800 000 âmes, en y comprenant les communes annexées.

Dans le voisinage, on remarque le village de *Wagram*, célèbre par une victoire des Français en 1809.

Lintz, aussi sur le Danube, est la capitale de la Haute-Autriche ou pays au-dessus de l'Ens.

Salzbourg est la capitale du duché de même nom, au milieu d'un pays montagneux, riche en mines de fer et de sel.

Gratz, capitale de la Styrie, sur la Mur, a aussi des mines de fer dans son voisinage.

Klagenfurt est la capitale de la Carinthie; — *Laybach*, de la Carniole. — *Inspruck*, sur l'Inn, est la capitale du Tyrol, un des pays les plus montagneux et les plus pittoresques de l'Europe. — *Trente*, célèbre par un concile au seizième siècle, se trouve dans la portion du Tyrol qui s'incline vers l'Italie.

Trieste, peuplée de plus de 100 000 habitants, est la ville principale du Littoral illyrien, où l'on rencontre aussi la presqu'île d'*Istrie*.

Prague, ville de 160 000 âmes, sur la Moldau, est la capitale du beau royaume de Bohême, enfermé par quatre chaînes de montagnes. — Dans le même pays, sont *Reichenberg*, connue par ses draps; — *Carlsbad*, *Sedlitz*, *Teplitz*, par leurs eaux minérales; — *Sadowa*, par une victoire mémorable des Prussiens sur les Autrichiens, en 1866. Cette bataille porte aussi le nom de *Kœniggrætz*, ville près de laquelle elle a été livrée.

Brunn est la capitale de la Moravie. — Près de là on trouve la petite ville d'*Austerlitz*, célèbre par une victoire des Français en 1805. — On peut citer, dans le même pays, *Olmütz*.

Parmi les villes de la Hongrie, on remarque : au milieu, *Pesth* (200 000 habitants), capitale, sur la rive gauche du Danube; — *Bude* ou *Ofen* (55 000 habit.), située sur la rive droite, vis-à-vis de Pesth, et qui a été capitale de la Hongrie. — A l'O., *Presbourg*, autre ancienne capitale de ce pays, sur le Danube; — *Komorn*, place très-forte, sur le même fleuve. — Au N., *Schemnitz*, fameuse par ses mines d'or, d'argent et de plomb; — *Tokay*, célèbre par ses vins. — A l'E., *Debreczin* et *Gross-Wardein*. — Au S., *Szegedin*, *Theresienstadt* ou *Theresiopel*, et *Temesvar*.

Agram est la capitale du royaume de Croatie et d'Esclavonie.

Fiume, port à l'extrémité N. E. de l'Adriatique, forme une petite division administrative séparée.

Dans la Dalmatie, qui s'étend le long de la côte orientale de l'Adriatique, avec des îles nombreuses, les villes principales sont : *Zara*, capitale; *Raguse*, port célèbre; et *Cattaro*, sur un beau golfe qu'on nomme *Bouches de Cattaro*.

Dans la Transylvanie, pays montagneux, on remarque *Klausenbourg*, capitale, *Cronstadt* et *Hermanstadt*.

La Galicie, pays d'origine tout à fait polonaise, a pour capitale *Lemberg*, et renferme, à l'O., *Wieliczka*, fameuse par ses mines de sel; — *Cracovie*, autrefois capitale de la

Pologne, plus tard république, enfin réunie à l'Autriche en 1846.

Le pouvoir de l'empereur est tempéré par un Conseil de l'empire (*Reichsrath*) et par la diète de Hongrie. Il règne sur 36 millions d'habitants, qui sont, comme nous l'avons dit, de nations très-diverses : il y a des *Allemands*, des *Slaves*, des *Hongrois* ou *Magyars*, des *Roumains* et des *Italiens*. = Deux grandes divisions politiques ont été établies pour l'administration de l'empire : à l'O., la division *Cisleithane* (en deçà de la Leitha), où domine l'influence allemande, ayant pour centre Vienne ; — à l'E., la division *Transleithane* (au delà de la Leitha), sous l'influence de la Hongrie, et où se trouvent, avec la Hongrie, la Transylvanie, Fiume, le royaume de Croatie et d'Esclavonie et les Confins militaires.

La religion catholique est la plus répandue.

SUISSE

La SUISSE, qu'on appelle quelquefois *Helvétie*, d'après les Helvétiens, le plus important de ses anciens peuples, est à l'E. de la France, au S. de l'Allemagne et au N. O. de l'Italie. Le Rhin et le lac de Constance la bordent au N. et au N. E. ; les Alpes et le lac de Genève la limitent au S. ; le Jura et le Doubs, à l'O. — Latitude moyenne : 47°.

Des montagnes escarpées hérissent presque partout cette contrée, célèbre par ses beautés naturelles. Les Alpes surtout offrent des sommets très-élevés, couverts de neige et de *glaciers*, et d'où descendent souvent avec fracas, dans les vallées d'alentour, de redoutables *avalanches*. Les principaux de ces sommets sont le *Grand-Saint-Bernard*, célèbre par son hospice ; le mont *Rosa*, le plus élevé de tous (4636 m.); le mont *Cervin*, dont le sommet pointu est presque inaccessible ; le *Simplon*, traversé par une belle route que les Français ont faite; le *Saint-Gothard*, souvent compris, avec quelques montagnes voisines, sous le nom d'*Adula;* le *Finster-Aarhorn;* le pic de la *Vierge* (*Jungfrau*), etc.

Les principaux sommets du Jura suisse sont la *Dôle*, le mont *Tendre*, la *Dent de Vaulion*.

Mont Cervin.

La Suisse est entrecoupée d'un grand nombre de cours d'eau, qui forment de belles cascades et des lacs renommés par les agréments de leurs rives. Le *Rhin* parcourt le N. E. du pays, et produit le grand lac de *Constance*. Le *Rhône* coule dans le S. O., et forme le beau lac *Léman* ou de *Genève*. L'*Aar* arrose l'O. et le N., et se perd dans le Rhin; cette rivière donne naissance aux lacs de *Brienz* et de *Thun*, et reçoit, à l'E., la *Reuss*, qui forme le lac de *Lucerne* ou des *Quatre-Cantons*, et la *Limmat*, qui traverse le lac de *Zürich*; — à l'O., elle reçoit les eaux des lacs de *Bienne*, de *Neuchâtel* et de *Morat*.

La Suisse est une république, composée de 22 cantons confédérés. On en trouve 6 au N. : *Bâle, Soleure, Argovie, Zürich, Schaffhouse* et *Thurgovie*; — 5 au centre : *Lucerne, Zug, Unterwalden, Uri* et *Schwyz*, qui a donné son nom à a Suisse; — 4 à l'E. : *Saint-Gall, Appenzell, Glaris* et les *Grisons*; — 2 au S. : le *Tessin* et le *Vallais*[1]; — 5 à l'O. : *Berne, Fribourg, Neuchâtel, Vaud* et *Genève*.

Les principales villes sont :

Au N., *Bâle*, très-commerçante, sur le Rhin : — *Zürich* (57 000 h., avec ses faub.), dans une situation délicieuse, à l'endroit où la Limmat sort du lac de Zürich; — *Schaffhouse*, près d'une magnifique cataracte du Rhin.

Au centre, *Lucerne*, à l'endroit où la Reuss sort du lac des Quatre-Cantons; — *Zug*, près du mont *Morgarten*, où les Suisses remportèrent une célèbre victoire sur les Autrichiens en 1315; — *Altorf*, qui rappelle Guillaume Tell.

A l'E., *Saint-Gall*, — et *Coire*, chef-lieu des Grisons.

Au S., *Sion*, chef-lieu du Vallais.

A l'O., BERNE, belle ville de 36 000 habitants, capitale de la confédération, sur l'Aar; — *Neuchâtel*; — *Fribourg*; — *Gruyères*, connue par ses fromages; — *Lausanne*, chef-lieu du canton de Vaud, dans une charmante contrée, près du lac Léman; — *Genève* (47 000 habitants, et, avec ses faubourgs, 67 000 h.), la plus grande ville de Suisse, située à l'endroit où le Rhône sort de ce lac, et fameuse par son commerce,

---

1. Orthographe préférable à *Valais*, qu'on emploie plus habituellement.

Fribourg.

ses fabriques d'horlogerie, la culture des lettres et des sciences, les grands hommes qu'elle a produits.

Chaque canton de la Suisse forme une petite république particulière et indépendante ; il y a cependant quelques cantons qui sont partagés en deux ou trois États ; et, en réalité, il y a 27 républiques. Ce qui intéresse la confédération en général est réglé par l'Assemblée fédérale, qui siége à Berne.

Les Suisses sont au nombre d'environ 2 700 000. Ils parlent allemand dans la plus grande partie du pays, français dans les cantons qui avoisinent la France, italien dans le voisinage de l'Italie. Le roman, langue dérivée du latin, se parle dans une partie des Grisons. Le calvinisme est la religion la plus répandue. La religion catholique est professée par les cantons du centre et du sud.

ITALIE

L'Italie est située au S. de la Suisse et de l'Allemagne, et au S. E. de la France, dont elle est séparée par les Alpes. Elle se compose, en grande partie, d'une presqu'île longue et étroite, resserrée entre la mer Adriatique à l'E., la mer Tyrrhénienne à l'O. et la mer Ionienne au S., trois mers qui sont des divisions de la Méditerranée. — Latit. moy.: 42°.

La presqu'île Italique a grossièrement la forme d'une botte. Au S. E., entre le bout du pied, qui est formé de la *Calabre*, et le talon, qui est la presqu'île d'*Otrante* et dont l'extrémité est marquée par le cap de *Leuca*, se trouve le grand golfe de *Tarente*. Le promontoire du mont *Gargano*, qui s'avance dans la mer Adriatique, est comme un éperon de cette botte.

Au N. O., on voit le golfe de *Gênes*. Au N. E., les golfes de *Venise* et de *Trieste* sont formés par la mer Adriatique.

L'Italie est célèbre par la beauté de son climat, la fertilité de son sol, la variété de ses sites enchanteurs et le grand nombre de ruines intéressantes qu'elle présente partout. Elle a malheureusement quelques cantons très-malsains, tels que les marais *Pontins*, sur la côte occidentale, et les lagunes de *Comacchio*, sur la côte orientale. Le *scirocco*, vent du midi suffocant et dangereux, règne assez souvent.

Les *Alpes*, qui bordent ce pays au N. O. et au N., y

montrent des sommets couverts de neiges continuelles. On y distingue surtout le mont *Blanc* (4810 mètres); le mont *Cenis*, où Napoléon Ier établit une route célèbre; le mont *Tabor*, près duquel un long tunnel donne passage à un chemin de fer; le mont *Rosa*, etc.

Les *Apennins*, qui se rattachent aux Alpes, parcourent l'Italie dans sa longueur.

Sur la côte occidentale est le *Vésuve*, volcan célèbre qui a englouti plusieurs villes sous ses laves et ses cendres.

Les Apennins et une portion des Alpes divisent l'Italie en deux grands versants : l'un exposé à l'E. et au S. E., vers la mer Adriatique et la mer Ionienne; l'autre incliné à l'O., vers la mer Tyrrhénienne, la Méditerranée proprement dite et le golfe de Gênes. Sur le premier, on ne trouve que deux fleuves principaux, l'*Adige* et le *Pô*, grossi d'un grand nombre de rivières, telles que le *Tessin*, qui forme au pied des Alpes le charmant lac *Majeur*; l'*Adda*, qui produit le lac de *Côme*, très-beau aussi; l'*Oglio*, qui donne naissance à celui d'*Iseo*, et le *Mincio*, qui sort du grand lac de *Garde*.

Sur le versant occidental, on remarque l'*Arno*, qui arrose une contrée agréable et fertile; le *Tibre* (en italien *Tevere*), célèbre parce qu'il baigne les murs de Rome; le *Vulturne* ou *Volturno*, qui parcourt les belles plaines de l'ancienne Campanie. — Entre l'Arno et le Tibre, on rencontre le lac de *Pérouse*, fameux autrefois sous le nom de *Trasimène*. — Au centre même de l'Italie, sur un plateau entouré de tous côtés par les Apennins, on voyait le lac *Fucino* ou de *Celano*, dont on a opéré le desséchement.

Au S., est la grande île de *Sicile*, séparée du continent par le détroit nommé *Phare de Messine*, où l'on trouve le gouffre de *Charybde* et le rocher de *Scylla*. Elle est terminée par trois caps remarquables : le cap *Faro*, au N. E., le cap *Passaro*, au S. E., et le cap *Boeo*, à l'O.

Le sol en est généralement fertile, et le climat favorable aux fruits les plus délicieux; mais c'est un pays mal cultivé. La Sicile renferme le mont *Etna*, volcan terrible, de 3237 mètres d'altitude, sur la côte orientale.

Près et au N. de cette île, sont celles d'*Éole* ou de *Lipari*, volcaniques aussi.

La petite île de *Malte*, remarquable par sa nombreuse population et soumise à l'Angleterre, ainsi que deux petites îles voisines, se trouve au S. de la Sicile.

A l'O. de la mer Tyrrhénienne et au S. de la Corse, on voit l'île de *Sardaigne*, qui fait aussi partie de l'Italie. Elle est fertile, mais mal cultivée et peu peuplée. On pêche abondamment, sur ses côtes, des thons et des sardines.

Après avoir formé longtemps une dizaine d'États différents, l'Italie est devenue, presque tout entière, une monarchie unique, qui a pris le nom de *royaume d'Italie*, et dont les États sardes ont été le noyau. Il n'est resté, en dehors de ce royaume, que la république de *St-Marin* et les îles anglaises de *Malte*, depuis que les États de l'Église, qui avaient conservé leur indépendance par l'aide de la France, ont été annexés en 1870.

Le ROYAUME D'ITALIE comprend 12 grandes divisions :

1° On remarque, au N. O., le **Piémont**, où s'étendent des plaines fertiles en grains et en pâturages. On y trouve : *Turin*, grande et belle ville de 200 000 habitants, qui a été d'abord la capitale de la monarchie, et qui est agréablement placée au confluent du Pô et de la Doire Ripaire. — *Alexandrie*, place très-forte, près de laquelle est le village de *Marengo*, illustré par une victoire des Français en 1800. — *Novare* (victoire des Autrichiens en 1849); *Verceil*, *Asti*, *Coni*, *Mondovi* (victoire des Français en 1796).

2° Le territoire de **Gênes**, ou la **Ligurie**, sur la Méditerranée, fournit d'excellents fruits et de très-beaux marbres. La ville de *Gênes*, peuplée de 140 000 âmes, célèbre port de mer, a été autrefois une puissante république, et on l'a surnommée la *Superbe*, à cause de la magnificence de ses nombreux palais. Elle se glorifie d'être la patrie de Christophe Colomb. — *Savone* est sur la côte occidentale du golfe de Gênes.

3° La **Lombardie**, enlevée à l'Autriche en 1859, est composée généralement de vastes et fertiles plaines. *Milan*, belle ville de 200 000 âmes (avec ses faub.), est la capitale de ce pays. — On y remarque aussi *Pavie* (défaite de François Ier en 1525), *Crémone*, *Côme*, *Bergame*, *Brescia*, assez grandes villes; — *Lodi*, *Magenta*, *Turbigo*, *Marignan* ou *Mele-*

Venise.

gnano ; *Castiglione* et *Solferino*, célèbres par des victoires des Français ; — *Mantoue* et *Peschiera*, places fortes, sur le Mincio.

4° La **Vénétie**, qui formait, avec la Lombardie, sous le gouvernement autrichien, le *royaume Lombard-Vénitien*, a été cédée par l'Autriche en 1866. Elle s'étend du Pô aux Alpes, et depuis le Mincio et le lac de Garde, à l'O., jusqu'à la mer Adriatique, à l'E. Elle renferme : *Venise* (120 000 habitants), autrefois république fameuse, au milieu des lagunes auxquelles elle donne son nom ; — *Padoue* ; — *Vicence* ; — *Vérone*, *Legnago*, sur l'Adige, places fortes renommées ; — *Trévise* ; — *Udine* ; — *Rivoli*, célèbre par une victoire des Français en 1797 ; — *Campo-Formio*, par un traité de la même année ; — *Villafranca*, par un autre traité en 1859 ; — *Custoza*, par des victoires des Autrichiens sur les Italiens en 1848 et 1866.

5° L'**Émilie** comprend les anciens duchés de *Parme* et de *Modène*, et la *Romagne*, qui s'est séparée des États de l'Église en 1860. Le sol est riche en vins, en céréales, en pâturages. Les villes principales sont : *Parme* ; — *Plaisance*, place très-forte, au confluent de la Trebbia et du Pô ; — *Modène*, très-belle ville ; — *Reggio*, patrie de l'Arioste ; — *Massa* ; — *Carrare*, renommée par ses marbres ; — *Bologne*, qui a une célèbre université ; — *Ferrare*, *Ravenne*, *Rimini*, *Forli*.

6° La **Toscane**, ancien grand-duché, a été réunie aux États sardes en 1860. C'est un pays bien cultivé et très-industrieux : il est fertile et agréable au centre et à l'E. ; mais, à l'O., les *Maremmes*, qui bordent la mer, sont marécageuses et malsaines. Les monts Apennins couvrent la Toscane au N. et à l'E. Elle a pour villes principales : au N., *Florence* (167 000 hab.), qui a été la capitale du royaume pendant plusieurs années, située dans une vallée délicieuse, sur l'Arno, et célèbre par la culture des arts, des sciences et des lettres, par le séjour de l'illustre famille des Médicis, et par la naissance de Dante, de Michel-Ange, d'Améric Vespuce et d'autres grands hommes ; — au S., *Sienne* ; — à l'O., *Pise*, autrefois puissante république, et *Livourne*, port de mer fameux ; — au N. O., *Lucques*, qui a été capitale d'un duché de même nom.

L'île d'*Elbe*, connue par ses mines de fer et par le séjour de Napoléon Ier, est sur la côte de la Toscane.

7° L'**Ombrie**, couverte par les Apennins, a pour ville principale *Pérouse*.

8° Les **Marches** renferment *Urbin*, patrie du peintre Raphaël ; — *Ancône*, port fameux, sur la mer Adriatique ; — *Lorette*, célèbre par son sanctuaire de Notre-Dame.

9° Le territoire **Romain** comprend les ci-devant *États de l'Église*, qui étaient la possession temporelle du Pape, et qui se composaient, en dernier lieu, du *Patrimoine de Saint-Pierre* et de la *Campagne de Rome*. Ce territoire, situé entre les Apennins et la mer Tyrrhénienne, est assez fertile en céréales et en fruits. Il y a beaucoup de mines d'alun et de soufre, et de gras pâturages y nourrissent des bœufs très-beaux. Cependant le sol n'est pas aussi cultivé et aussi productif qu'il devrait l'être.

Ce pays renferme une contrée célèbre dans l'antiquité sous le nom de *Latium*.

Là se trouve ROME, sur le Tibre, la capitale de l'Italie, et en même temps la métropole du culte catholique, car elle est résidence du Pape. Autrefois la plus puissante ville du monde, elle est remplie de monuments qui attestent son ancienne grandeur ; son plus bel édifice moderne est l'église de Saint-Pierre. Cette illustre cité, quoique très-étendue, ne contient que 245 000 hab. — On remarque encore : *Tivoli*, dans une position charmante, sur le Teverone ; — *Civita-Vecchia*, port de mer ; — *Viterbe*, près du lac de Bolsena.

10° Le territoire **Napolitain** (ancien *royaume de Naples*) occupe toute la partie méridionale de l'Italie. C'est un pays fort beau, mais sujet aux tremblements de terre et à l'influence funeste du *scirocco*. La soie, le coton, le vin, la manne, la réglisse, des fruits délicieux, en sont les principales productions.

Il renferme :

Au N., les *Abruzzes* et la *Molise* ou *Sannio*, qui remplacent une partie de l'ancien *Samnium*.

Rome. — Vatican, Saint-Pierre.

A l'O., la *Terre de Labour*, qui répond à l'ancienne et riche *Campanie*, et où l'on remarque *Caserte*, *Capoue*, le port et la place très-forte de *Gaëte*. — La province de *Naples*, dont le chef-lieu est la grande et belle ville de même nom, peuplée de 450 000 âmes, dans une magnifique position, sur le golfe de Naples, à peu de distance du Vésuve, qui a englouti sous ses cendres et ses laves, en l'an 79, les villes d'*Herculanum* et de *Pompeii*. — Les *Principautés*, où l'on voit *Salerne*, sur le golfe de même nom, et *Avellino*, dans l'intérieur.

A l'E., la *Capitanate*, la *Terre de Bari* et la *Terre d'Otrante*, comprises autrefois ensemble sous le nom de *Pouille*, et dont *Tarente* est une des villes les plus célèbres.

Au S., la *Basilicate* et la *Calabre*, dans laquelle est *Reggio*, sur le Phare de Messine.

11° La **Sicile** formait, avant 1860, avec le royaume de Naples, le royaume des *Deux-Siciles*. — *Palerme*, ville de 220 000 habitants, sur la côte septentrionale, est la capitale de cette île. — *Messine*, au N. E., se trouve sur le détroit auquel elle donne son nom. — *Catane* est sur la côte orientale. — *Siracusa*, au S. E., n'occupe qu'un très-petit espace de l'ancienne ville de *Syracuse*. — *Girgenti*, au S. O., est une ville bien déchue, bâtie sur les ruines de l'ancienne *Agrigente*. — A l'O., on remarque *Trapani*.

12° L'**île de Sardaigne** a pour chef-lieu *Cagliari*, sur la côte méridionale; — autre ville, *Sassari*, au N.

La petite RÉPUBLIQUE DE SAINT-MARIN, enclavée dans les Marches, a une capitale de même nom.

Les ILES DE MALTE, composées de *Malte proprement dite*, de *Comino* et de *Gozzo*, appartiennent à l'Angleterre. Leur capitale est *la Valette*, une des places les plus fortes de l'Europe.

Les Italiens professent la religion catholique, et sont au nombre de 26 millions et demi, répandus sur un territoire de 296 000 kil. carrés (un peu plus de la moitié de celui de la France). C'est un des pays les plus peuplés de l'Europe.

Le royaume d'Italie est une monarchie constitutionnelle :

CONTRÉES PRINCIPALES.

Naples.

le pouvoir du roi est limité par le sénat et la chambre des députés.

ESPAGNE

L'ESPAGNE forme, avec le Portugal, la péninsule *Hispanique*, située à l'extrémité S. O. de l'Europe, et qui, bornée au N. E. par la France, est entourée, des autres côtés, par la Méditerranée et l'océan Atlantique. Le détroit de *Gibraltar*, qui unit ces deux mers, sépare la pointe méridionale de la péninsule de la pointe N. O. de l'Afrique : il s'appelait anciennement *détroit d'Hercule*, et c'est là que se trouvaient les fameuses *Colonnes d'Hercule*. — Le cap *Finisterre* forme l'extrémité N. O. de cette presqu'île ; le cap *da Rocá* en est le point le plus occidental, le cap *Saint-Vincent* l'extrémité S. O.; la pointe de *Tarifa* le point le plus méridional ; le cap de *Creus* la termine au N. E. — Latitude moyenne : 42°.

L'Espagne a une température très-chaude à l'E. et au S., douce et agréable à l'O. Elle offre au milieu un plateau très-élevé, où l'on éprouve quelquefois des froids assez vifs.

Il y a beaucoup de montagnes : les *Pyrénées* séparent l'Espagne de la France ; les monts *Cantabres*, qui s'étendent dans le N. O., tirent leur nom d'un ancien peuple très-belliqueux ; les monts *Ibériques* s'avancent du N. au S., dans l'intérieur du pays, où s'étendent aussi les vastes plateaux de la *Castille*; au S., s'élève la *Sierra Nevada*; dans le S. O., la *Sierra Morena*.

Les monts Ibériques et la Sierra Nevada partagent l'Espagne en deux grands versants : 1° celui de l'E., exposé vers la Méditerranée, et arrosé par deux fleuves principaux : l'*Èbre* et le *Jucar*; — 2° celui de l'O., incliné vers l'océan Atlantique, et arrosé par le *Miño* ou *Minho*, le *Duero* ou *Douro*, le *Tage*, la *Guadiana* et le *Guadalquivir*.

L'Espagne continentale est divisée en 47 provinces, qui portent généralement le nom du chef-lieu. Ces provinces sont réparties en 13 capitaineries générales, portant les noms des anciennes grandes provinces qui ont formé autrefois autant de royaumes distincts.

Voici ces anciennes grandes provinces :

Au N. O., on remarque : 1° La GALICE, habitée par un peuple robuste, laborieux, plein de courage et de probité. Les villes principales y sont : *Santiago* ou *Saint-Jacques de Compostelle*, célèbre par sa double cathédrale et par un pèlerinage ; la *Corogne* et le *Ferrol*, ports de mer importants. — 2° Les ASTURIES, pays montagneux, dont la capitale est *Oviedo*. — 3° Le ROYAUME DE LÉON, dont les villes principales sont *Léon*, intéressante par sa belle cathédrale ; *Salamanque*, par son université.

Au N., se trouvent : 1° La VIEILLE-CASTILLE, riche en blé et en pâturages qui nourrissent des mérinos superbes. Les villes les plus considérables y sont : *Burgos*, patrie du Cid ; *Ségovie*, dont les draps sont renommés, et *Valladolid*. — 2° Les trois PROVINCES BASQUES (c'est-à-dire la *Biscaye*, le *Guipuzcoa* et l'*Alava*); riches en mines de fer, et habitées par des hommes vigoureux, fiers et industrieux. Les principales villes sont *Bilbao*, *Saint-Sébastien*, port de mer, et *Vitoria*. — 3° La NAVARRE, hérissée de montagnes, et dont la capitale est *Pampelune*, place forte.

Au N. E., on distingue : 1° L'ARAGON, dont *Saragosse*, grande ville, sur l'Èbre, est la capitale. — 2° La CATALOGNE, qui possède la population la plus active de l'Espagne, et qui a pour capitale *Barcelone*, célèbre place forte et maritime, sur la Méditerranée, avec 200 000 âmes. On y remarque aussi *Lerida*; *Girone*; *Tarragone*, sur la mer ; *Reus*, qui a de nombreuses manufactures ; *Tortose*, sur l'Èbre.

Au centre, est la NOUVELLE-CASTILLE, qui forme un plateau très-élevé et généralement d'un aspect un peu triste, et où sont élevés de nombreux mérinos. Les habitants parlent l'espagnol le plus pur. On y rencontre : MADRID, capitale de l'Espagne, belle et grande ville, située sur le Manzanarès, et peuplée de 330 000 âmes ; — *Tolède*, intéressante par son ancienne importance, sur le Tage ; — *Ciudad-Real*, vers le S., dans le pays de la *Manche* ; — *Aranjuez*, le *Pardo*, l'*Escurial*, avec de célèbres châteaux royaux.

A l'E., se trouve le ROYAUME DE VALENCE, qui offre des campagnes riantes et fertiles, mais exposées au vent brûlant nommé *solano*. Les principales villes sont : *Valence*, sur

Madrid.

nommée *la Belle*, et remarquable par sa délicieuse position et ses manufactures de soieries; — *Alicante*, située sur la Méditerranée et célèbre par ses vins.

Au S., on voit: 1° Le ROYAUME DE MURCIE, qui jouit d'un ciel presque toujours serein, et dont les villes principales sont *Murcie*, dans l'intérieur du pays, et *Carthagène*, port de mer important, sur la Méditerranée. — 2° L'ANDALOUSIE, qui abonde en fruits précieux, tels qu'oranges, citrons, limons, olives, grenades, raisins. Les lieux les plus célèbres y sont: *Séville* (115 000 habitants), belle ville, sur le Guadalquivir; — *Cadix*, place forte et port de mer, à l'extrémité N. O. de l'île de *Léon*, située dans l'océan Atlantique; — *Cordoue*, sur le Guadalquivir, grande et florissante lorsque les Maures possédaient le sud de l'Espagne; — *Xerez*, connue par ses vins; — *Grenade*, située dans une délicieuse vallée, et ornée de magnifiques monuments élevés par les Maures; — *Malaga*, renommée par ses vins; — *Gibraltar*, forteresse fameuse, possédée par les Anglais, et située sur une petite presqu'île qui s'avance dans le détroit de Gibraltar.

A l'O., est l'ESTRÉMADURE, très-fertile en blé et surnommée le grenier de l'Espagne: *Badajoz*, sur la Guadiana, en est la capitale. On y remarque *Merida* (l'ancienne *Emerita Augusta*), avec de magnifiques ruines romaines.

A l'E. de l'Espagne, dans la Méditerranée, sont les îles *Baléares*, fertiles en bons fruits, et au nombre de trois principales: *Majorque*, *Minorque* et *Ivice*. *Palma*, dans l'île Majorque, est le chef-lieu de la province que forme cet archipel. *Mahon* ou *Port-Mahon* est la ville principale de Minorque.

Les îles *Canaries*, dans l'Atlantique, près de l'Afrique, composent une autre province espagnole.

Ces deux provinces portent le nom d'*Iles adjacentes*.

L'Espagne renferme 16 600 000 habitants. La religion catholique y domine. Le gouvernement est une république (depuis 1873); les assemblées qui représentent le pays s'appellent *Cortès*.

Les possessions espagnoles hors de l'Europe se composent des îles *Canaries*, de l'île de *Fernan-do-Po* et de celle d'*Annobon*, en Afrique; — de *Ceuta*, et de quelques autres places fortes sur la côte du Maroc, aussi en Afrique; — de *Cuba* et de *Puerto-Rico*, dans les Antilles, en Amérique; — des îles *Philippines* et *Mariannes*, dans l'Océanie.

Entre l'Espagne et la France, au milieu des Pyrénées, est la petite république d'**Andorre**, placée sous la protection de la France et de l'Espagne. La capitale est *Andorre*.

PORTUGAL.

Le PORTUGAL est un petit royaume situé à l'O. de l'Espagne. Il s'étend du N. au S., le long de l'océan Atlantique. — Latitude moyenne : 39°.

Le climat en est doux et salubre, et le sol fertile. Le pays est entrecoupé de vallées riantes, de coteaux agréables et de montagnes, dont les plus remarquables forment la *Serra da Estrella*, vers le nord et le centre du royaume.

Le *Minho*, au N., sépare le Portugal de la Galice. Le *Douro* et le *Tage* le traversent au milieu, et la *Guadiana* l'arrose au S. E.

La capitale de ce royaume est LISBONNE, grande et très belle ville, avec un vaste port, à l'embouchure du Tage. Elle renferme 225 000 âmes. C'est le chef-lieu de la province d'*Estrémadure*, où l'on remarque encore *Setuval*, port de mer.

Coïmbre, au N. de Lisbonne, est la ville principale de la province de *Beira*, et possède une fameuse université.

Porto ou *O Porto*, dans le N. du royaume, à l'embouchure du Douro, est la plus grande ville de la province d'*Entre Douro et Minho*, et fait commerce de vins renommés. Elle s'appelait autrefois *Portus-Calle*, et c'est de ce nom que vient celui de *Portugal*. — *Braga* se trouve dans la même province.

Bragance, dans le N. E., est dans la province de *Tras-os-Montes*.

A l'extrémité méridionale du Portugal, est la province d'*Algarve*.

Le gouvernement est monarchique; il y a deux chambres, appelées *Cortès*. La religion est le catholicisme. Ce pays compte 4 500 000 habitants.

Le Portugal a eu d'immenses possessions, telles que le Brésil et une grande partie de l'Inde. Mais aujourd'hui ses domaines hors de l'Europe sont bien réduits. Les îles *Açores* et *Madère*, qui se rattachent à l'Afrique, ne sont pas considérées comme colonies, mais font partie intégrante de la métropole, sous le nom d'*Iles adjacentes*. Les colonies proprement dites se composent du *Mozambique*, de l'*Angola*, de la *Sénégambie portugaise*, des îles du *Cap-Vert*, de l'île du *Prince* et de celle de *Saint-Thomas*, en Afrique ; — de *Goa* et de quelques autres établissements, dans l'Hindoustan ; — de *Macao*, en Chine ; — de quelques établissements à *Timor*, dans l'Océanie.

GRÈCE

La GRÈCE ou HELLAS (ou Hellade), longtemps soumise à l'empire turc, forme aujourd'hui un royaume indépendant, renfermé entre l'Archipel à l'E., la mer Ionienne, à l'O. et au S., et la Turquie au N. — Latitude moyenne : 38°.

La Grèce continentale se compose de deux parties : la *Grèce septentrionale* et la presqu'île de *Morée* (l'ancien *Péloponnèse*) : ces deux parties sont unies l'une à l'autre par l'isthme de *Corinthe*, resserré entre le golfe de *Lépante* (anciennement de *Corinthe*), à l'O., et celui d'*Athènes* ou d'*Égine* (l'ancien golfe *Saronique*), à l'E.

Peu de contrées ont des côtes aussi découpées : de toutes parts se présentent, en Grèce, des presqu'îles et des golfes. — A l'E., on voit la presqu'île d'*Attique*, le golfe de *Nauplie* ou d'*Argolide*, la presqu'île d'*Argolide*. — Au S., les golfes de *Laconie* ou de *Messénie*, la presqu'île de *Monembasic*, celle du *Magne* ou *Maïna*, avec le cap *Matapan* (l'ancien promontoire *Ténare*), qui est une des pointes les plus australes du continent européen ; la presqu'île de *Messénie*. — A l'O., le golfe d'*Arcadia* ou de *Cyparisse*.

La chaîne *Hellénique* parcourt toute la Grèce du N. au S. Ses principales parties sont le *Pinde*, le *Guiona*, le *Parnasse*, l'*Hélicon*, le *Cithéron* ; parmi ses branches, on remarque l'*Œta*, qui forme, avec l'Archipel, le fameux défilé des *Thermopyles* ; le mont *Hymette*, connu par son excellent miel ; le *Cyllène*, le mont *Lycée*.

94 EUROPE.

Athènes. — Le Parthénon.

On voit couler, à l'E. de la chaîne Hellénique, le *Céphisse*, qui se rend dans le lac *Topolias* ou de *Livadie* (anciennement *Copaïs*). Le *Permesse*, ruisseaux fameux dans l'antiquité, se jette dans le même lac. Le *Céphise* est un autre ruisseau, célèbre parce qu'il passe à Athènes.

A l'O., on remarque l'*Aspropotamo* (l'ancien *Achélous*); la *Rouphia* (*Alphée*), le plus grand cours d'eau de la Morée; au S., l'*Iri* (*Eurotas*), qui baignait les murs de Sparte.

La Grèce offre des aspects variés, des points de vue admirables. Le climat est doux et généralement salubre; cependant quelques parties des côtes maritimes et les rives du lac Topolias sont marécageuses et malsaines. L'agriculture est fort négligée, et cette contrée, quoique fertile, offre presque partout une population très-pauvre. L'olivier abonde; il y a des vins et des raisins renommés, des cédrats, des limons, des oranges, du coton.

La Grèce, sans les îles Ioniennes, est divisée en dix *nomes* ou départements, qui sont : dans la Grèce septentrionale, ceux d'*Attique-et-Béotie*, de *Phthiotide-et-Phocide*, d'*Acarnanie-et-Étolie*; — dans la Morée, ceux d'*Argolide-et-Corinthie*, d'*Akhaïe-et-Élide*, d'*Arcadie*, de *Messénie*, de *Laconie*; — dans l'Archipel, ceux d'*Eubée* et des *Cyclades*.

ATHÈNES (50 000 hab.), capitale de la Grèce, est située près du golfe auquel elle donne son nom. Parmi les vestiges de l'ancienne splendeur de cette illustre cité, on distingue l'Acropolis ou citadelle, et le Parthénon ou temple de Minerve. — La petite ville du *Pirée* lui sert de port.

On rencontre encore dans la Grèce septentrionale : *Livadie*, près du lac de ce nom; — *Lépante* (l'ancienne *Naupacte*), vers l'entrée du golfe de même nom; — *Missolonghi* ou *Mesolonghi*, fameuse par le siège qu'elle soutint contre les Turcs en 1826.

Près de la côte de l'Attique, on trouve, dans le golfe d'Athènes, l'île de *Colouri* (anciennement *Salamine*) et celle d'*Egine* ou *Enghia*.

Dans la Morée, on distingue : *Patras*, port commerçant, sur le golfe de même nom; — *Nauplie de Romanie*, place très-forte et port très-important, sur le golfe de Nauplie ou d'Argolide; — *Corinthe*, située près et au S. O. de l'isthme auquel elle donne son nom, vers le fond du golfe de Lépante ; — *Tripolitza* ou *Tripolis*, au centre de la presqu'île, vers l'emplacement de l'ancienne *Mantinée* ; — *Arcadia* ou *Cyparisse*, sur le golfe de même nom ; — *Navarin*, avec un vaste port, dans lequel les flottes française, anglaise et russe remportèrent une grande victoire sur la flotte turco-égyptienne en 1827 ; — *Sparta*, petite ville nouvelle, bâtie sur les ruines de l'ancienne *Sparte;* — *Mistra*, très-près des mêmes ruines ; — *Monembasie* ou *Nauplie de Malvoisie*, vers l'extrémité S. E. de la Morée.

La plus grande île de la Grèce est *Eubée*, *Egripos* ou *Négrepont*, avec la ville de *Négrepont* ou *Khalcis*, chef-lieu du département d'Eubée, sur le détroit d'*Euripe*, qui sépare cette île de l'Attique.

Les *Cyclades* (c'est-à-dire les îles *rangées en cercle*) sont fort nombreuses. On y remarque : *Tino* (anciennement *Ténos*), la plus verdoyante de ces îles, et riche en bons vins ; — *Sdili*, îlot montagneux et stérile, qui est l'antique *Délos*; — *Syra* (*Syros*), où se trouve l'importante ville maritime d'*Hermopolis* ou *Syra*, chef-lieu du département des Cyclades ; — *Naxie* ou *Naxos*, la plus grande de ces îles ; — *Paro* (*Paros*), riche en beaux marbres ; — *Milo* (*Mélos*), célèbre par les belles antiquités qu'on y a découvertes ; — *Santorin* (*Théra*), riche en bons vins, souvent bouleversée par des tremblements de terre, et à côté de laquelle se sont élevés récemment plusieurs îlots volcaniques.

Les îles IONIENNES ou les SEPT ILES, répandues le long des côtes occidentales et méridionales de la Grèce, et vers l'Albanie, sont annexées à ce royaume depuis 1863. Elles formaient auparavant une petite république, sous la protection de l'Angleterre. Elles composent trois nomes.

On y compte environ 245 000 habitants, presque tous d'origine grecque.

Ces îles produisent des olives et des vins.

La plus septentrionale et la plus importante est *Corfou* (l'ancienne *Corcyre*), avec une ville de même nom. — On trouve, près et au S. E. de Corfou, l'île de *Paxo*, une des moins considérables de cet archipel.

Les autres sont : *Sainte-Maure* (l'ancienne *Leucadie*); — *Theaki*, petite île stérile, mais célèbre autrefois sous le nom d'*Ithaque*; — *Céphalonie* (anciennement *Céphallénie*), la plus grande des îles Ioniennes, et généralement belle et fertile; — *Zante* (l'ancienne *Zacynthe*), très-riche en vin et en huile; — et, vers l'extrémité de la Morée, *Cérigo* (l'ancienne *Cythère*), avec un sol pierreux et aride.

La Grèce, avec les îles Ioniennes, contient une population d'à peu près un million et demi d'habitants.

Le gouvernement est une monarchie constitutionnelle.

La religion grecque est celle de la majorité de la nation. Cependant il y a des catholiques dans plusieurs îles.

La langue grecque moderne est belle, et se rapproche beaucoup du grec ancien.

TURQUIE D'EUROPE

AVEC LES PRINCIPAUTÉS DE ROUMANIE, DE SERBIE ET DE MONTÉNÉGRO.

La TURQUIE D'EUROPE forme, unie à la Grèce, la péninsule Turco-Hellénique, qui est, avec l'Espagne, la partie la plus méridionale de l'Europe. Elle est au S. de l'empire austro-hongrois et au S. O. de la Russie. — Latitude moyenne : 42°.

La partie septentrionale, ou la plus large, est baignée à l'O. par la mer Adriatique, à l'E. par la mer *Noire* (*Pont-Euxin*), le canal de *Constantinople* (*Bosphore de Thrace*), la mer de *Marmara* (*Propontide*) et le détroit des *Dardanelles* (*Hellespont*). La partie méridionale, très-rétrécie, est située entre la mer Ionienne, à l'O., la Grèce, au S., et l'*Archipel* (mer *Égée*), à l'E. Cette dernière mer forme au N. O. le golfe de *Salonique*.

La Turquie d'Europe offre des aspects variés. Au N., sur les bords du Danube, qui se grossit de la *Save*, de la *Morava* et du *Pruth*, on voit de grandes plaines marécageuses. — Au centre, on trouve de hautes montagnes, dont les principales composent la chaîne des *Alpes orientales* et du *Balkan* (l'ancien *Hæmus*), qui se dirige de l'O. à l'E. et donne naissance à de nombreux cours d'eau, entre autres à la *Maritza* (l'ancien *Hèbre*), tributaire de l'Archipel. — Au S., le sol est aussi couvert de montagnes, telles que le *Pinde*, qu'on remarque dans l'intérieur du pays ; — et, sur la côte de l'Archipel, le mont Athos, l'*Olympe*, l'*Ossa*, le *Pélion*. Au pied de ces montagnes, on rencontre quelques plaines agréables et des vallées pittoresques, comme celle de *Tempé*, arrosée par la *Salembria* (l'ancien *Pénée*).

Le climat des parties méridionales est doux, salubre et favorable à des productions précieuses, telles que le riz, le maïs, le sorgho, les oranges, les citrons, les grenades, les olives, les prunes, les melons, le vin, le coton, le tabac, les mûriers propres aux vers à soie ; mais l'agriculture est fort arriérée.

La Turquie d'Europe n'est qu'une partie du vaste *empire Turc* ou *Ottoman*, qui s'étend aussi en Asie et en Afrique. Mais, dans cet empire si étendu, il se trouve plusieurs contrées qui lui sont peu soumises.

Ainsi, parmi les régions renfermées dans la Turquie d'Europe, il y a des principautés distinctes, qui ne reconnaissent que la suzeraineté de l'empire turc ; en sorte que la Turquie d'Europe se partage en deux principales divisions : 1° la *Turquie proprement dite ;* 2° les *Principautés*, c'est-à-dire la *Roumanie*, la *Serbie* et le *Monténégro*.

La **Turquie proprement dite** renferme la *Romélie*, la *Bulgarie*, la *Serbie turque*, la *Bosnie*, l'*Albanie* et la *Thessalie*.

La ROMÉLIE, qui correspond à l'ancienne *Thrace* et à l'ancienne *Macédoine*, est le cœur de la Turquie, et s'étend entre le Balkan et l'Archipel. Elle renferme CONSTANTINOPLE, nommée en turc *Stamboul* (dans l'antiquité *Byzance*), capitale de l'empire ottoman, et admirablement située à l'entrée méridionale du Bosphore de Thrace. Un bras du Bosphore, connu sous le nom de *Corne d'Or*, y forme un des ports les plus beaux et les plus sûrs du monde ; il sépare Constantinople des grands faubourgs de *Péra* et de *Galata*. Parmi les principaux édifices, on remarque le sérail ou palais du sultan, entouré de hautes murailles percées de huit portes, dont une est célèbre sous le nom de *Sublime Porte*[1]; on distingue aussi la mosquée de Sainte-Sophie. Cette capitale a environ un million d'habitants (avec ses faubourgs).

Les autres villes les plus intéressantes de la Romélie sont : *Rodosto*, sur la mer de Marmara ; — *Gallipoli*, sur la presqu'île de même nom ; — *Salonique* (anciennement *Thessalonique*), ville très-commerçante, au fond du golfe de même nom ; — *Andrinople*, qui a 100 000 habitants et qui occupe une situation riante sur la Maritza ; — *Philippopoli*, sur le même fleuve ; — *Sérès*, dans un pays très-riche en tabac et en coton.

La BULGARIE est comprise entre le Danube et le Balkan. La capitale est *Sophia*. On y trouve aussi l'importante place maritime de *Varna* ; *Vidin*, *Roustchouk*, *Silistri* sur le Danube, et la célèbre place forte de *Choumla*.

La SERBIE TURQUE, à l'O. de la Bulgarie, a pour capitale *Nich*.

La BOSNIE est une province montagneuse, à l'angle N. O. de la Turquie d'Europe ; elle est composée de la *Bosnie propre*, de la *Rascie*, de la *Croatie turque* et de l'*Herzégovine*. Elle a pour capitale *Bosna-seraï* ou *Seraïevo*.

L'ALBANIE est une longue province qui s'étend du N. au S., entre la chaîne Hellénique, à l'E., et les mers Adriatique et Ionienne, à l'O. Elle correspond à l'ancienne *Épire* et à une partie de l'ancienne *Illyrie*. Des montagnes la couvrent presque partout. Les villes principales sont : *Ianina*, dans un canton délicieux ; *Scutari*, sur un lac de même nom ; et *Duratzo*, port célèbre autrefois sous le nom de *Dyrrachium*.

La plus méridionale des provinces continentales turques est la THESSALIE, pays fertile et délicieux, qui faisait anciennement partie de la Grèce, et qui est baigné par l'Archipel. La ville principale est *Larisse*, sur la Salembria.

Au S. de l'Archipel et au S. E. de la Morée, la Turquie possède l'île de CANDIE ou CRITI (ancienne *Crète*), qui s'allonge de l'E. à l'O. et qui est le territoire le plus méridio-

---

[1]. Voilà pourquoi, pour désigner le gouvernement turc, on dit souvent la *Sublime Porte*, ou simplement *la Porte*.

Constantinople.

nal de toute l'Europe (35ᵉ degré de latitude). C'est un pays fertile et beau, mais généralement pauvre aujourd'hui. Au centre s'élève le mont Ida.

La capitale est *Candie*, sur la côte septentrionale. On y remarque aussi le port commerçant de la *Canée*.

Les **Principautés** qui reconnaissent la suzeraineté de la Porte sont : 1° les ***Principautés tributaires*** ou ***Principautés Danubiennes***, situées au nord de la Turquie proprement dite, et comprenant la ROUMANIE (c'est-à-dire les deux PRINCIPAUTÉS UNIES DE MOLDAVIE et DE VALACHIE) et la principauté de SERBIE ; — 2° le ***Monténégro***, situé à l'O.

La plus septentrionale des deux provinces de la Roumanie est la *Moldavie*, qui est baignée au S. E. par le Danube, et qui s'avance de ce côté jusqu'à la mer Noire ; à l'E., elle est séparée de la Russie par le Pruth.

La capitale est *Iassy* (80 000 hab.). On remarque, sur le Danube, la commerçante ville de *Galatz*, et *Ismaïl*, cédée par la Russie en 1856.

La *Valachie* est couverte au N. par les Carpathes, et bordée par le Danube à l'O., au S. et à l'E.

Sa capitale est *Boukharest*, capitale de toute la Roumanie, et peuplée de 130 000 habitants. — Au S. sur le Danube, on distingue la place forte de *Giurgevo*. — A l'E., sur le même fleuve, est *Braïla*.

La Roumanie a 4 millions et demi d'habitants.

La *Serbie* ou *Servie* s'étend sur la rive droite du Danube et de la Save, et a pour capitale *Belgrade*, à la jonction de ces deux cours d'eau. Cette principauté renferme un million d'habitants.

La petite principauté très-montagneuse de *Monténégro*, entre la Bosnie et l'Albanie, a pour capitale la petite ville de *Cettigne*.

Gouvernement, religion, habitants de la Turquie et des Principautés. — Les Turcs, qu'on appelle aussi *Osmanlis* ou *Ottomans*, sont mahométans, de la secte d'Omar; la règle de leur foi est le *Koran*. Le gouvernement est monarchique. L'empereur, qui a le titre de *Sultan*, a souvent été désigné par les Européens sous le nom de *Grand Seigneur* ou de *Grand Turc*. Il est en même temps souverain pontife. Le *grand vizir* est le lieutenant du sultan en tout ce qui concerne le pouvoir temporel, et le *grand mufti*, ou grand prêtre, en tout ce qui a rapport au spirituel. Les *oulémas* sont les docteurs chargés de l'interprétation du Koran.

On donne le nom de *Divan* au conseil d'État, composé du grand mufti, du grand vizir et d'autres ministres ou personnages importants.

Les peuples, les cultes et les langues sont très-variés dans la Turquie d'Europe. Sur 16 millions et demi d'hab., en y comprenant les Principautés, il n'y a qu'un peu plus de 2 millions de *Turcs*. Les autres nations principales sont : les *Slaves*, au nombre de 6 millions, divisés en *Serbes, Bulgares, Bosniaques, Monténégrins*; — les *Valaques* et les *Moldaves*, qu'on désigne ensemble sous le nom de *Roumains*; — les *Albanais* ou *Arnautes*; — les *Grecs* ou *Hellènes*. — Il y a aussi un assez grand nombre de *Juifs*, d'*Arméniens* et de *Bohémiens* ou *Tsiganes* (ces derniers venus probablement de l'Inde, et sans demeure fixe).

On ne compte que 4 millions de musulmans; il y a près de 12 millions de chrétiens, presque tous de la religion grecque.

Possessions hors d'Europe. — Les possessions que la Turquie a hors de l'Europe se divisent en possessions immédiates de l'empire et en territoires qui n'en reconnaissent que la suzeraineté.

Les premières composent la TURQUIE D'ASIE, où se trouvent : 1° l'*Asie Mineure*, c'est-à-dire l'Anatolie, la Caramanie, etc.; — 2° l'*Arménie turque*; — 3° le *Kurdistan* (l'ancienne Assyrie); — 4° l'*Al Djézireh* (l'ancienne Mésopotamie); — 5° l'*Irac-Arabi* (l'ancienne Babylonie); — 6° la *Syrie* (y compris la Palestine).

Les parties qui ne reconnaissent que la suzeraineté de l'empire ottoman sont : en Asie, plusieurs petits États de l'O. et du N. de l'*Arabie*; — en Afrique, la vice-royauté d'*Égypte* (avec les territoires qui en dépendent dans la *Nubie*, le *Kordofan* et l'*Abyssinie*); les régences de *Tripoli* et de *Tunis*. L'empire entier a 42 millions d'habitants.

RUSSIE (AVEC LA POLOGNE)

Cette contrée est la plus grande de l'Europe, dont elle occupe la partie orientale. Elle est baignée au N. par l'océan Glacial arctique, qui forme sur ses côtes un golfe profond appelé mer *Blanche*. — Elle est bornée au S. par les hautes montagnes du Caucase, et par la mer *Noire*, dont un enfoncement remarquable prend le nom de mer d'*Azov*. — Au S. O., elle touche à la Roumanie, tributaire de la Turquie ; — à l'O., à l'Autriche et à la Prusse. La mer Baltique, qui la borne aussi de ce côté, produit deux grands avancements : le golfe de *Finlande* et le golfe de *Livonie* ou de *Riga*. — Au N. O., elle tient à la Suède et à la Norvége. — Au S. E., la mer Caspienne, et, à l'E., le fleuve Oural et les monts Ourals la séparent de l'Asie. — Latitude : entre 41° et 76° (la Nouvelle-Zemble comprise).

La Russie d'Europe offre presque partout de vastes plaines, qui sont, au N., froides et stériles, mais, dans l'intérieur, couvertes de grandes forêts, et fertiles en blé, lin, chanvre, etc., malheureusement quelquefois marécageuses ; au S., riches en pâturages ; au S. E., sablonneuses, désertes et imprégnées de sel. — Les seules montagnes remarquables qui rompent l'uniformité de ces plaines sont, au N. O., les *Alpes Scandinaves*; à l'O., les monts *Valdaï*, qui ne sont que des collines ou des plateaux ; au S. E., le *Caucase*, où se trouvent des sommets plus élevés que les Alpes ; à l'E., les monts *Ourals*, qui sont riches en mines d'or, de platine et de cuivre.

De grands fleuves parcourent la Russie d'Europe :

Au N., on voit la *Dvina septentrionale* et l'*Onéga*, qui vont se jeter dans la mer Blanche, et la *Petchora*, qui se perd directement dans l'océan Glacial. — Au centre et au S. E., coule le *Volga*, le plus long et le plus poissonneux des fleuves d'Europe : il se rend dans la mer Caspienne par une foule d'embouchures. — Au S., le *Don*, que les anciens appelaient *Tanais*, se jette dans la mer d'Azov. — Le *Dniepr* (l'ancien *Borysthène*) et le *Dniestr* (l'ancien *Tyras*) parcourent le S. O., et débouchent dans la mer Noire. — A l'O., on remarque la *Dvina méridionale* ou *Duna*, qui se rend dans le golfe de

Riga ; le *Niémen* et la *Vistule*, autres tributaires de la mer Baltique.

C'est dans la Russie que sont les plus grands lacs de l'Europe. Le plus vaste de tous est le *Ladoga*, d'où sort, vers le S. O., un large cours d'eau nommé *Néva*, tributaire du golfe de Finlande. Le lac *Onéga* est au N. E. du Ladoga ; le lac *Saima*, au N. O. ; le lac *Ilmen*, au S., et le lac *Peïpous*, au S. O.

La Russie d'Europe se divise en 60 gouvernements, sans compter le grand-duché de Finlande, la république militaire des Cosaques du Don et trois territoires caucasiens.

1º Au N., on remarque principalement le gouvernement d'*Arkhangel*, dont dépendent les îles froides et stériles de la *Nouvelle-Zemble*.

2º Au N. O., on trouve : le grand-duché de *Finlande*, avec les îles d'*Aland*, la ville d'*Helsingfors*, capitale de ce grand-duché, et la ville d'*Abo* ; — le gouvernement de *Saint-Pétersbourg*, ou simplement *Pétersbourg*, avec la magnifique ville de SAINT-PÉTERSBOURG, capitale de l'empire Russe, située à l'embouchure de la Néva, et peuplée de 670 000 habitants ; — le gouvernement d'*Esthonie* ou de *Revel* ; — le gouvernement de *Livonie* ou de *Riga*, dont le chef-lieu est la florissante ville de *Riga*, vers l'embouchure de la Dvina du sud ; — le gouvernement de *Novgorod*, avec la très-ancienne ville de même nom, autrefois une des plus importantes de l'Europe.

3º A l'O., sont des gouvernements qui ont fait partie de la Pologne, tels que ceux de *Volhynie* et de *Podolie*, de *Vilna*, de *Vitebsk*, de *Kovno*, de *Minsk*, de *Grodno*, de *Varsovie*, de *Lublin*. Les sept derniers ont des villes de même nom, parmi lesquelles nous distinguons *Varsovie* (250 000 hab.), située sur la Vistule, et qui a été la capitale du dernier royaume de Pologne ; *Lublin*, dans ce même royaume, et *Vilna*, capitale de l'ancienne Lithuanie.

4º Au centre, on remarque le gouv. de *Moscou*, avec la grande et magnifique ville de même nom, seconde capitale de l'empire, et peuplée de 400 000 habitants ; occupée par les Français en 1812, et où commencèrent leurs désastres de

Moscou.

Russie; — le gouv. de *Toula*, dont le chef-lieu, nommé aussi *Toula*, est célèbre par ses manufactures d'armes; — les gouv. d'*Orel*, de *Koursk*, de *Kalouga* et d'*Iaroslav*, avec d'importants chefs-lieux de même nom ; — le gouv. de *Vladimir*, etc.

5° Au S., sont le gouvernement de *Kiev*, avec la ville de même nom, qui a été l'une des premières capitales de la Russie; — le gouvernement de *Poltava*, qui fut le théâtre d'une grande bataille gagnée en 1709 par Pierre le Grand, empereur de Russie, sur Charles XII, roi de Suède; — le gouvernement de *Kharkov* ou d'*Ukraine*, très-fertile; — celui de *Voronej*, avec une ville considérable de même nom; — la *Bessarabie*, qui a pour chef-lieu *Kichenev*; — le gouvernement de *Kherson*, qui s'étend sur la côte de la mer Noire, et où l'on trouve la ville de même nom et les ports fameux d'*Odessa* et de *Nikolaev*; — le gouvernement d'*Ékatérinoslav*, dont dépend le port important de *Taganrog*, sur la mer d'Azov ; — le gouvernement de *Tauride*, qui renferme la presqu'île de *Crimée*, montagneuse et agréable vers le S., mais basse, malsaine et sablonneuse dans le N. : l'isthme de Pérékop l'unit au continent; sur la côte S. O., est *Sévastopol* (ou *Sébastopol*), célèbre par le siége qu'en ont fait les Français et les Anglais en 1854 et 1855.

6° A l'E., on distingue le gouvernement de *Kazan*, dont le chef-lieu, appelé aussi *Kazan*, a des fabriques renommées de cuir de Russie; — le gouvernement de *Nijnii-Novgorod* ou *Nijégorod*, avec la commerçante ville de même nom, fameuse par ses foires ; — les gouvernements de *Simbirsk* et de *Saratov*; — le gouvernement de *Perm*, riche en mines de cuivre, de platine et d'or ; — le gouvernement d'*Orenbourg*, avec une florissante ville de même nom.

7° Au S. E., on voit le pays des *Cosaques du Don* ; — le gouvernement d'*Astrakhan*, où le Volga se jette dans la mer Caspienne, et dont le chef-lieu est *Astrakhan*, port florissant sur le Volga, célèbre par son commerce de fourrures ; — la *Circassie* et le *Daghestan*, situés sur le versant septentrional du Caucase, et habités par un grand nombre de peuplades guerrières, qui ont longtemps résisté à la Russie, mais qui, aujourd'hui, sont à peu près toutes soumises.

L'empereur ou *tzar* de Russie a une autorité absolue. Il règne sur 82 millions de sujets, dont 72 millions dans la Russie d'Europe. — Une partie considérable des habitants de ce pays sont d'*origine slave;* on comprend dans cette famille une grande partie des *Russes*, les *Polonais* et les *Ruthènes*. — On remarque ensuite : 1° les populations d'*origine finnoise,* au N. O. et dans les parties du centre qui avoisinent le N.; on y rattache les Russes *Moscovites*, pour divers caractères ethnographiques, mais non pour la langue, qui est slave ; on y comprend aussi les *Permiens*, les *Zirianes;* — 2° les *Lithuaniens* ou *Lettons*, à l'O. ; — 3°, les *Roumains*, au S. O. ; — 4° les *Allemands*, répandus dans les pays de la côte S. E. de la Baltique, et formant des colonies assez nombreuses dans la Russie méridionale : — 5° les *Lapons* et les *Samoïèdes*, au N.; — 6° les *Bachkirs*, à l'E.; — 7° les *Cosaques*, au S.; — 8° les *Tatares de Crimée* (d'origine turque), aussi au S. ; — 9° les *Kalmouks* (d'origine mongole), au S. E.; — 10° les peuples *caucasiens* (*Circassiens* et autres), dans le Caucase.

La religion dominante est la *religion grecque*, une des trois grandes branches du christianisme.

Les possessions de la Russie hors de l'Europe sont : 1° la *Sibérie* et les pays russes de l'*Asie centrale*, dans le N. de l'Asie ; — 2° la *Transcaucasie*, dans l'O. de la même partie du monde, sur le versant méridional du Caucase, entre la mer Noire et la mer Caspienne.

RÉSUMÉ STATISTIQUE DES DIVISIONS DE L'EUROPE.

	PAYS	SUPERFICIE en kilom. carrés.	POPULATION absolue	POPULATION relative	CAPITALES	POPULAT. des capitales
				nomb. d'ha. par kil. c.		
Sur le versant océanique.	ÎLES BRITANNIQUES...	300 000	32 000 000	107		
	Angleterre....				Londres..	3 300 000
	Écosse......				Édimbourg.	200 000
	Irlande......				Dublin...	300 000
	BELGIQUE......	29 500	5 000 000	173	Bruxelles..	345 000 (avec les com. annex.)
Sur les deux versants.	PAYS-BAS et LUXEMB.	34 000	4 000 000	118	Amsterdam.	265 000
	DANEMARK......	38 000	1 800 000	47	Copenhague	180 000
	MONARCH. { SUÈDE...	440 000	4 200 000	9	Stockholm..	135 000
	SCAND. { NORVÈGE.	300 000	1 800 000	6	Christiania.	65 000
	RUSSIE...... (Y compris le grand-duché de Finlande.)	5 870 000	72 000 000	12	Saint-Pétersbourg.	670 000
	EMPIRE AUSTRO-HONGROIS......	623 000	36 000 000	58	Vienne...	835 000 (avec les annexes).
	EMPIRE D'ALLEMAGNE (Prusse, Bavière, etc.)......	545 000	41 000 000	75	Berlin...	825 000
	SUISSE......	40 900	2 700 000	66	Berne....	36 000
	FRANCE......	528 000	36 500 000	69	Paris....	1 850 000
	PÉNINSULE { ESPAGNE.	500 000	16 600 000	36	Madrid..	330 000
	HISPAN. { PORTUGAL	93 000	4 500 000	48	Lisbonne..	225 000
Sur le vers. méditerran.	ITALIE.....	296 000	26 700 000	90	Rome....	245 000
	TURQUIE D'EUROPE... (Y compris les principautés de Roumanie, de Serbie et de Monténégro.)	528 000	16 500 000	31	Constantinople...	1 000 000 (avec les faub.).
	GRÈCE ET ÎLES IONIENNES.	53 600	1 500 000	28	Athènes...	50 000
	TOTAUX....	10 219 000	302 800 000			

GÉOGRAPHIE HISTORIQUE [1]

GRÈCE ANCIENNE.

La Grèce eut d'abord pour habitants des hordes sauvages, dont une des plus considérables était celle des *Pélasges*, d'après laquelle elle fut appelée *Pélasgie*. Plus tard, les *Hellènes* la peuplèrent presque entièrement et lui firent prendre le nom d'*Hellas* (*Hellade*); quant à celui de Grèce, en latin *Græcia*, il est dû peut-être à Graicos ou Græcus, chef de Pélasges qui passèrent en Italie.

La Grèce ancienne était un peu plus considérable que la Grèce actuelle; elle renfermait au N. la *Thessalie*, aujourd'hui comprise en grande partie dans la Turquie. La Grèce septentrionale contenait, en outre, l'*Acarnanie* et l'*Étolie*, à l'O.; la *Phocide* et la *Béotie*, au milieu, et l'*Attique*, au S. E.

La THESSALIE se partageait en plusieurs petits pays, tels que la *Perrhébie*, au N.; la *Magnésie*, à l'E.; la *Pélasgiotide*, au milieu; la *Phthiotide*, au S. Les villes principales étaient : *Larisse*, sur le Pénée; — *Pharsale*, vers le centre du pays, célèbre par la victoire de César sur Pompée; — *Phères*, connue par le séjour d'Admète et du tyran Alexandre; — *Thèbes de Thessalie*; — *Lamia* (Zeïtoun), au N. O. des Thermopyles, près du lieu où se livra une grande bataille entre Antipater et les Grecs.

L'ACARNANIE renfermait *Stratos* et *Actium* ou *Action*, à l'entrée du golfe d'Ambracie, fondée par Auguste près de l'endroit où il remporta sur Antoine la victoire qui le rendit maître de l'empire romain.

L'ÉTOLIE avait pour capitale *Thermos*, au N.; — dans le S., on trouvait *Calydon*, près d'une forêt de même nom.

La PHOCIDE se divisait en trois parties : la *Phocide proprement dite*, les *Locrides* et la *Doride*.

---

(1) Pour la partie politique principalement. — Voyez, pour la partie physique, la Géographie physique de l'Europe et la Géographie moderne des diverses contrées européennes.

La *Phocide* proprement dite, la plus grande de ces divisions, renfermait *Delphes*, célèbre par un temple d'Apollon, sur le flanc méridional du Parnasse ; — *Cyrrha* ou *Crissa* et *Anticyre*, sur le golfe de Corinthe. — Les *Locrides* se divisaient en trois pays : celui des *Locriens Ozoles*, au S. O., sur la côte du golfe de Corinthe, avec le port de *Naupacte* (Lépante) ; le pays des *Locriens Épicnémidiens*, ainsi surnommés du mont Cnémis ; et le pays des *Locriens Opontiens*, avec la ville d'*Oponte*. — La *Doride* était une petite région couverte par le mont Œta ; elle eut d'abord pour habitants les *Curètes* et les *Léléges*.

La BÉOTIE avait pour villes principales : *Thèbes* (*Thiva*), qu'Épaminondas, Pélopidas et Pindare ont illustrée ; — *Orkhomène*, dans les plaines de laquelle Sylla vainquit les troupes de Mithridate ; — *Khéronée*, où Philippe défit les Athéniens et les Thébains ; — *Lebadea* (Livadie) ; — *Coronée*, près de laquelle les Athéniens et les Spartiates se livrèrent une bataille ; — *Aulis* (Aulide), sur l'Euripe ; port connu par le départ des Grecs pour le siége de Troie ; — *Leuctres*, fameuse par la victoire d'Épaminondas sur les Lacédémoniens ; — *Platées*, célèbre par celle des Grecs sur les Perses ; — et *Tanagra*, par celle des Athéniens sur les Spartiates.

L'ATTIQUE était composée de deux parties : l'*Attique propre* et la *Mégaride*, petit pays situé vers l'isthme de Corinthe. Dans la première, on distinguait *Athènes*, reine de la Grèce par ses grands hommes, par la culture des sciences, des lettres et des arts. Elle était divisée en deux parties distinctes : la ville proprement dite, ou l'*Asty*, et le *Pirée*. Ce dernier, qui possédait le port principal d'Athènes, était joint à l'Asty par deux longs murs ; deux petits ports l'avoisinaient : *Munykhie* et *Phalère*. — *Marathon*, au N. E. d'Athènes et près de la mer Égée, dans une plaine bordée au S. par le mont Pentélique, est célèbre par la victoire de Miltiade sur les Perses. — *Éleusis*, vers le golfe Saronique, près et au N. de l'île de Salamine, était importante par les fêtes qu'on y célébrait en l'honneur de Cérès et de Proserpine.

La Mégaride ne possédait qu'une ville remarquable, *Mégare*, longtemps rivale d'Athènes, et capitale d'un État indépendant.

Le PÉLOPONNÈSE, qu'on appela d'abord *Apie*, se composait de six pays : l'*Akhaïe*, au N. ; l'*Argolide*, à l'E. ; la *Laconie*, au S. E. ; la *Messénie*, au S. O. ; l'*Élide*, à l'O., et l'*Arcadie*, au centre.

L'AKHAÏE se divisait en trois parties : l'*Akhaïe propre*, à l'O., la *Sicyonie*, au milieu, et la *Corinthie*, à l'E. Les villes principales de l'*Akhaïe propre* étaient : *Aigion* ou *Ægium* (Vostitza), sur le golfe de Corinthe ; siége du gouvernement de la ligue Akhéenne ; — *Patrées* (Patras), près et au S. O. de l'entrée du même golfe. — La *Sicyonie* tirait son nom de sa capitale, *Sicyone*, ville très-ancienne, où fleurirent la sculpture et la peinture, et où naquit l'illustre Aratus. — La *Corinthie* renfermait *Corinthe*, à côté de l'isthme du même nom, avec une forteresse redoutable et deux ports, l'un sur le golfe Saronique, l'autre sur celui de Corinthe.

Dans l'ARGOLIDE, on trouvait : *Argos* ; — *Nauplie* ; — *Mycènes*, capitale du royaume d'Agamemnon ; — *Némée*, près d'une grande forêt du même nom ; — *Épidaure*, sur le golfe Saronique, avec un fameux temple d'Esculape ; — *Trézène* ou *Trœzen*, connue par le séjour de Pitthée et par la mort d'Hippolyte ; — *Hermione*, célèbre par sa pourpre.

La LACONIE forma une des plus puissantes républiques de la Grèce, et fut longtemps dirigée par les sévères lois de Lycurgue. Ses habitants étaient remarquables par leurs mœurs austères, leur ardent amour de la patrie, leur courage guerrier, leur langage concis (laconique). La capitale de cette contrée était *Sparte* ou *Lacédémone*, sur l'Eurotas. — *Sellasie*, au N. de Sparte, fut le théâtre d'une bataille entre Cléomène, roi de Sparte, et Antigone, roi de Macédoine. — *Amyclées*, au S. de Sparte, avait un temple d'Apollon. — *Hélos*, sur le golfe de Laconie, fut détruite par les Spartiates, qui firent de ses habitants des esclaves (ilotes). — *Épidaure-Liméra* (Nauplie de Malvoisie), sur la mer Égée, était, comme Épidaure d'Argolide, remarquable par le culte d'Esculape. — *Caryées*, vers la frontière de l'Arcadie, se ligua, dit-on, avec les Perses contre les Grecs, et vit ses citoyens passés au fil de l'épée ; ses femmes, réduites en esclavage, furent représentées dans les monuments par les figures nommées *caryatides*.

La MESSÉNIE comprenait : *Messène*, la capitale ; — *Stenyclaros*, qui fut le séjour de Cresphonte ; — *Cyparisse*, sur le golfe de même nom ; — *Pylos*, qui fut la résidence du sage Nestor ; — *Méthone* (Modon) ; — *Corone* (Coron).

L'ÉLIDE se divisait en trois parties : l'*Élide propre*, au N., la *Pisatide*, au milieu, et la *Triphylie*, au S. — L'Élide propre renfermait *Élis*, patrie du philosophe Pyrrhon. — Dans la Pisatide, on trouvait *Olympie*, sur la rive droite de l'Alphée, fameuse par les jeux Olympiques, qui s'y célébraient tous les quatre ans, et par un temple et une statue de Jupiter ; — *Pise*, sur la rive gauche de l'Alphée, en face d'Olympie. — Dans la Triphylie, on voyait *Scillonte*, où habita Xénophon.

L'ARCADIE occupait la partie centrale du Péloponnèse ; presque partout couverte de montagnes, elle avait des habitants adonnés à la vie pastorale. — *Mantinée*, vers l'emplacement où se trouve aujourd'hui Tripolitza, est célèbre par la victoire d'Épaminondas sur les Spartiates. — *Mégalopolis*, au S., a donné naissance à Philopœmen et à Polybe. — *Tégéa*, au S. E., avait un fameux temple de Minerve, asile inviolable pour tous les criminels de la Grèce.

La plupart des anciennes divisions de la Grèce formèrent longtemps autant de royaumes ou de républiques, et plusieurs renfermaient même un assez grand nombre d'États. Les Romains les réduisirent toutes, dans le deuxième siècle avant Jésus-Christ, en une province de leur empire, qu'ils nommèrent province d'*Akhaïe* (*Achaia*). Au quatrième siècle de l'ère chrétienne, la Grèce fut comprise dans l'empire d'Orient, appelé plus tard empire Grec ou Bas-Empire.

ÎLES VOISINES DE LA GRÈCE.

Près de l'Attique, dans le golfe Saronique, est la célèbre île de *Salamine* (auj. *Colouri*), séparée du continent par un détroit qui fut le théâtre de la plus mémorable bataille navale gagnée par les Grecs sur les Perses. — Un peu plus u S., est *Égine* (auj. *Enghia*).

Près de la côte orientale du Péloponnèse, vers l'Argolide, sont les îles de *Calaurie* (*Poros*), où mourut Démosthène ; d'*Hydrea* (*Hydra*) ; de *Tiparénos* (*Spetzia*).

Mais la plus grande île de la côte orientale de la Grèce est *Eubée* (*Égripos* ou *Négrepont*), avec la ville de *Khalcis*, sur le détroit d'Euripe, et celle d'*Érétrie*. Au N. E. d'Eubée, sont les îles de *Scopélos* et de *Scyros*.

Les *Cyclades* (c'est-à-dire les îles *rangées en cercle*), au milieu de la mer Égée, peuvent être distribuées en quatre parties : le groupe du N., le groupe du milieu, la chaîne de l'O. et les îles du S. — Dans le premier, on distingue : *Andros*, avec un sol fertile ; — *Ténos* (*Tino*) ; — *Myconos* (*Myconi*) ; — *Délos*, îlot montagneux et stérile, célèbre par la naissance d'Apollon et de Diane, et considéré comme un des lieux les plus sacrés ; — *Syros* (*Syra*), île froide et humide.

Le groupe du milieu comprend *Naxos* (*Naxie*), la plus grande des Cyclades ; — *Paros* (*Paro*), riche en beaux marbres ; — *Oléaros* (*Anti-Paro*), avec des cavernes et des stalactites curieuses ; — *Amorgos* (*Amorgo*), très-fertile ; — *Ios* (*Nio*), célèbre par le tombeau d'Homère.

La chaîne de l'O. s'étend du N. au S. ; on distingue : *Céos* (*Tzia*), avec de bons pâturages et d'excellents fruits ; — *Cythnos* (*Thermia*) ; — *Sériphos* (*Serpho*), dont le sol est rocailleux ; — *Siphnos* (*Siphanto*), intéressante par sa fécondité et son air pur ; — *Cimolos* (*Kimolo* ou *Argentière*), avec des montagnes volcaniques, des mines d'argent et une sorte d'argile nommée *terre cimolée*, employée en médecine ; — *Mélos* (*Milo*), qui a laissé des restes précieux de son importance, et dont le sol volcanique et spongieux est riche en productions végétales, en sources chaudes, en alun.

Enfin, parmi les îles méridionales des Cyclades, on remarque *Théra* (*Santorin*), qui a formé des colonies lointaines, entre autres celles de Cyrène, en Afrique.

Les îles *Ioniennes*, répandues le long des côtes occidentales et méridionales de la Grèce, comprennent, au N., *Corcyre* (*Corfou*), qu'on appela aussi l'île des *Phéaciens* ou *Skhérie*. — On trouve, près et au S. E., l'île de *Paxos*.

Tout près de l'Acarnanie, est l'île de *Leucadie* (*Sainte-*

Maure). — A l'O., on rencontre *Ithaque* (*Theaki*), petite île stérile, mais célèbre par l'histoire d'Ulysse ; — et *Céphallénie* (*Céphalonie*), la plus grande des îles Ioniennes, et généralement belle et fertile.

Vers l'extrémité occidentale du Péloponnèse, se trouve l'île de *Zacynthe* (*Zante*), dont le sol est très-productif. — Vers l'extrémité S. E. de la même presqu'île, est l'île de *Cythère* (*Cérigo*), au contraire stérile.

PAYS VOISINS DE LA GRÈCE ET DONT L'HISTOIRE EST LIÉE A CELLE DE LA GRÈCE.

L'ÉPIRE était bornée à l'O. par la mer Ionienne et le canal qui joint cette mer à l'Adriatique ; vers le S., par le golfe d'*Ambracie* (d'Arta). — Son nom, qui signifie *continent*, lui fut donné par opposition à l'*île* de Corcyre, placée vis-à-vis. La partie méridionale de l'Albanie actuelle répond à ce pays. — L'Épire comprenait, au N. O., la *Khaonie*; au S. O., la *Thesprotie*; au S., la *Molosside* ou le pays des *Molosses*.

Sur le détroit qui sépare Corcyre du continent, s'élevait *Buthroton* (Butrinto).

Dans le S., on remarquait *Ambracie* (Arta), un peu au N. du golfe de même nom ; — *Nicopolis* (Prevesa), fondée par Auguste, à l'entrée du golfe d'Ambracie, en face d'Actium. — Dans l'intérieur du pays, on voyait *Passaro*, et, vers l'endroit où, depuis, s'est élevée Ianina, *Dodone*, célèbre par son temple de Jupiter et sa forêt sacrée, dont les chênes rendaient des oracles.

La MACÉDOINE s'étendait, de l'E. à l'O., depuis le mont Rhodope et le fleuve Nestos (Karasou ou Mesto) jusqu'à la mer Adriatique [1], et du N. au S., depuis le mont Scardus (Tchar-dagh) jusqu'à la mer Égée. Elle correspond à la partie occidentale de la Romélie et à une portion de l'Albanie.

Dans la région comprise entre le Nestos et le Strymon (auj. Strouma), on remarquait : *Philippes*, dans les plaines de laquelle Octave et Antoine défirent les troupes de Brutus et de

---

1. Elle s'arrêta longtemps aux monts Bermios et Boras, qui font partie de la chaîne Hellénique.

Cassius ; — *Amphipolis*, près de mines d'or qui lui firent aussi donner le nom de *Chrysopolis*.

Dans la région renfermée entre le Strymon et l'Axios (auj. Vardar), se trouvaient : *Stagyre*, illustrée par la naissance d'Aristote ; — *Olynthe*, qui fut détruite par Philippe ; — *Potidée*, connue par un long siège qu'en firent les Athéniens, et nommée plus tard *Cassandria*; — *Thessalonique* (Salonique), à l'extrémité du golfe Thermaïque, qui avait conservé l'ancien nom de cette ville, appelée d'abord *Therma*.

La région comprise entre l'Axios et les monts Boras et Bermios avait pour villes principales : *Édesse* (Vodina), longtemps la capitale de la Macédoine ; — *Pella*, qui fut le siège du royaume depuis le règne de Philippe, et qui vit naître Alexandre le Grand ; — *Méthone*, *Dion*, *Pydna*, près de laquelle les Romains vainquirent Persée, en mettant ainsi fin au royaume de Macédoine.

La région située entre les monts Boras et Bermios et la mer Adriatique renfermait *Épidamne*, plus tard *Dyrrakhion* ou *Dyrrachium* (Duratzo), ville maritime ; — *Apollonie*, célèbre par la sagesse de ses lois et par la culture des lettres.

La THRACE (aujourd'hui partie orientale de la Romélie), située à l'E. de la Macédoine, était baignée à l'E. par le Pont-Euxin et le Bosphore de Thrace, au S. par la Propontide, l'Hellespont et la mer Égée. Au N., elle était bornée par le mont Hæmus : cependant, sous Alexandre, on comprit dans le gouvernement de la Thrace les peuples situés au N. de cette chaîne, entre autres les *Triballes*. — Dans le S. E., on remarquait la célèbre Chersonèse de Thrace, où un ruisseau tributaire de l'Hellespont, l'*Ægos-Potamos*, est devenu fameux par une victoire des Spartiates sur les Athéniens.

Les villes principales de la Thrace étaient : *Byzance* (qui prit dans la suite, en l'honneur de Constantin le Grand, le nom de *Constantinople*), à l'entrée méridionale du Bosphore de Thrace ; *Périnthe* ou *Héraclée*, sur la Propontide ; *Callipolis* (Gallipoli) et *Sestos*, dans la Chersonèse ; *Abdère*, sur la mer Égée ; *Philippopolis* (Philippopoli) et *Orestias* ou *Hadrianopolis* (Andrinople), sur l'Hèbre, dans l'intérieur.

L'ILLYRIE ou ILLYRIQUE (*Illyricum*) s'étendait du N. O. au S. E., le long de la côte orientale de la mer Adriatique, depuis le golfe Flanatique (Quarnero) jusqu'un peu au S. de l'embouchure du Drilo (Drin); une petite partie de l'Istrie actuelle, la Croatie militaire, la Dalmatie, la Bosnie, le Monténégro et le N. O. de l'Albanie sont les pays qui correspondent à cette région. — Le *Titius* (Kerka) divisait l'Illyrie en deux parties distinctes : la *Liburnie*, au N., et la *Dalmatie*, au S.

La *Liburnie* eut pour principaux habitants les *Liburniens*, qui passèrent en Italie et allèrent, dit-on, s'établir en Apulie; les *Iapodes* ou *Iapides*, peuple valeureux, mais féroce, d'origine gauloise; et les *Posènes*, fixés dans la partie orientale du pays. — Les villes remarquables étaient *Metulum*, célèbre par le siège que les Iapodes y soutinrent contre Auguste; — *Iadera*, qui fut la capitale des Liburniens, et qui, sous le nom de Zara, est la capitale de la Dalmatie actuelle.

La *Dalmatie* eut pour habitants les *Dalmates*, les *Taulantiens* et les *Labéates*. — Comme villes principales, on distinguait : dans le N. O., *Salone*, connue par le séjour de l'empereur Dioclétien, qui termina ses jours dans un château voisin nommé Aspalatos (Spalato); — au centre, *Delminium* ou *Dalminium* (Douvno), *Narona*, *Arduba*; — dans le S. E., *Épidaure* (Vieux-Raguse), sur l'Adriatique; *Scodra* (Scutari), *Lissos* (Alessio), vers l'embouchure du Drilo.

La MŒSIE s'étendait depuis le *Drinus* (Drina), à l'O., jusqu'au Pont-Euxin, à l'E.; le Danube et la Save la limitaient au N., et le mont Hæmus, au S. La Bulgarie en a remplacé la partie orientale, et la Serbie la partie occidentale. Elle se divisait en *Mœsie supérieure*, à l'O., et *Mœsie inférieure*, à l'E.

La *Mœsie supérieure* eut pour principaux habitants les *Mœsiens*, les *Scordisques* et les *Triballes*, qui étaient d'origine thrace. On y trouvait, le long du Danube : *Singidunum* (Belgrade); — *Viminacium*; — *Taliata*, près d'une belle cataracte, où le Danube commençait à prendre le nom d'*Ister*, et un peu au-dessous de laquelle était le merveilleux pont de Trajan; — plus bas enfin, *Ratiaria*. — Dans l'intérieur, on remarquait *Naissus* (Nich ou Nissa), fameuse par la naissance de Constantin le Grand et par la victoire de Claude II sur les Goths; — puis, dans la région nommée *Dardanie*, on rencontrait *Scopi* (*Uskub*), appelée plus tard *Justiniana prima*, et, près de là, *Tauresium*, patrie de l'empereur Justinien.

Dans la *Mœsie inférieure*, on voyait les *Gètes* et les *Crobyzes*. Les villes les plus remarquables étaient : *Œscus*; — *Nicopolis* (Nicopol), sur le Danube, bâtie par Trajan, en mémoire des victoires qu'il remporta sur les Daces; — *Sardica*, au pied du mont Hæmus, près de l'emplacement de la moderne Sophia; — *Odessos* (Varna), intéressante par son port; — *Tomi* (plus tard *Constantia*, aujourd'hui Kustendjé), fameuse par l'exil d'Ovide; — *Trœsmis*, située près du Danube et qui a laissé des ruines remarquables.

Alexandre le Grand, roi de Macédoine, fut le premier qui réunit à peu près tous ces divers pays sous une seule domination, sans avoir la Mœsie supérieure ni toute l'Illyrie. Les Romains s'en emparèrent et les renfermèrent dans leur empire d'Orient, qui devint plus tard l'empire Grec ou le Bas-Empire, détruit par les Turcs en 1453.

ITALIE ANCIENNE.

La péninsule d'Italie était anciennement divisée en trois parties : la *Gaule Cisalpine*, au N.; — l'*Italie propre*, au milieu; — et la *Grande-Grèce*, au S.

La **Gaule Cisalpine**, habitée par des nations d'origine gauloise, se divisait en quatre parties :

1° La GAULE TRANSPADANE, située au N. du Pô; et où se trouvaient les *Insubriens*, les *Orobiens*, les *Cénomans*. — Villes principales : *Mediolanum* (Milan), *Côme*, *Ticinum* (Pavie), *Crémone*, *Mantoue*, *Taurasia* (Turin), *Segusio* (Suse).

2° GAULE CISPADANE, c'est-à-dire en deçà du Pô, dont les principaux peuples étaient les *Anamans*, les *Boïens*, les *Lingons*. — Villes remarquables : *Placentia* (Plaisance), *Parme*, *Mutina* (Modène); *Bononia* (Bologne), *Ravenne*.

3° La LIGURIE, placée autour du golfe Ligustique (golfe de Gênes). — Villes : *Genua* (Gênes), *Albium Ingaunum* (Albenga).

4° La VÉNÉTIE, qui entourait l'extrémité septentrionale de la mer Adriatique, et qui comprenait à l'E. la *Carnie* et la presqu'île d'*Histrie;* elle tirait son nom de sa nation principale, les *Vénètes* ou *Hénètes.* — Villes : *Patavium* (Padoue), *Vérone, Adria* ou *Hadria* (qui a donné son nom à la mer Adriatique), *Aquilée, Tergeste* (Trieste), *Pola.*

L'Italie centrale ou propre renfermait :

1° L'OMBRIE ou UMBRIE, dont l'embouchure du Rubicon marquait l'extrémité septentrionale, et qui était bornée à l'E. par l'Adriatique, à l'O. par l'Apennin et le Tibre. Elle fut pendant longtemps habitée par les *Gaulois Sénonais.* — Villes principales : *Ariminum* (Rimini), *Camerinum* (Camerino), *Spolète.*

2° Le PICENUM, situé au S. E. de l'Ombrie, entre l'Apennin et l'Adriatique. Peuples principaux : les *Picènes* ou *Picentes,* les *Prætutiens.* — Villes remarquables : *Ancône, Asculum* (Ascoli), *Adria* (Atri).

3° L'ÉTRURIE, appelée aussi *Tuscie* ou *Tyrrhénie,* et renfermée entre la Macra, l'Apennin, le Tibre et les mers Intérieure et Tyrrhénienne. Les habitants s'appelèrent d'abord *Rasènes;* le nom de *Tyrrhènes,* par lequel les désignaient les Grecs, venait de celui d'une colonie lydienne établie sur cette côte. Les Romains leur donnèrent celui de *Tusciens* ou *Thusciens,* plus particulièrement appliqué à la caste des prêtres de la nation; de là les dénominations d'*Étrusques* et de *Toscans.* — Villes principales : *Fœsulæ* (Fiesole), *Florentia* (Florence), *Arretium* (Arezzo), *Perusia* (Pérouse), *Clusium* (Chiusi), *Vulsinii* (Bolsena), *Faléries,* capitale des Falisques, *Tarquinies, Cære* ou *Agylla, Véies.*

4° La SABINIE, ainsi nommée de son peuple principal, les *Sabins,* et comprise entre l'Apennin, le Tibre et l'Anio. — Villes principales : *Amiterne, Réate* (Rieti), *Cures, Fidènes;* — On trouvait, dans le S. de la Sabinie, la petite rivière *Allia* (affluent du Tibre) et le mont *Sacré.*

5° Le LATIUM, situé vers le milieu de l'Italie, et borné au N. par l'Anio, au N. O. par le Tibre, à l'O. et au S. O. par la mer Tyrrhénienne, au S. par le Liris (Garigliano). Plusieurs peuples l'habitaient : on distingue surtout, au N., les

Latins proprement dits, les *Éques*, les *Herniques*, les *Rutules*; au S., les *Volsques*, les *Aurunces*. — Ce fut dans ce pays, sur le mont *Palatin*, près de la rive gauche du Tibre, que Romulus fonda *Rome*, d'abord simple assemblage de cabanes grossières, auquel il donna une forme carrée. Tatius, roi des Sabins, étant venu s'établir dans les mêmes lieux avec une partie de son peuple, occupa le mont *Tarpéien*, appelé depuis *Capitolin*, situé un peu au N. O. du premier mont, et qui fut alors renfermé dans la nouvelle ville. Numa y ajouta une partie du mont *Quirinal*, placé au N.; Tullus Hostilius, le mont *Célius*, au S., et Ancus Martius, le mont *Aventin*, aussi vers le S. Servius Tullius construisit un mur en pierre de taille autour de Rome, et y comprit le mont *Esquilin*, à l'E., le mont *Viminal*, au N., et le reste du *Quirinal*. À l'O., le mur s'avançait un peu à la droite du Tibre, jusqu'au pied du mont *Janicule*. Cette enceinte de la métropole romaine resta la même jusqu'à Sylla, qui l'agrandit un peu. Plusieurs empereurs firent ensuite des augmentations partielles. Enfin Aurélien bâtit, en 271 après J. C., le mur qui a porté son nom, et qui pouvait être d'une étendue d'environ 18 000 mèt. — Rome était traversée par trente et une rues principales, qui partaient toutes du *milliaire doré*, placé au centre de la ville, près de la colonne Trajane. Sept ponts, dont le plus méridional était le pont Sublicius, réunissaient les deux rives du Tibre. Plus de quarante portiques garnis de marchandises les plus riches, un grand nombre de cirques, d'amphithéâtres (dont le plus célèbre fut l'amphithéâtre Flavien, aujourd'hui Colisée); des arcs de triomphe, d'immenses thermes, des statues innombrables, des aqueducs, des tombeaux superbes, le vaste champ de Mars, situé dans le N. O., près de la rive gauche du Tibre, enfin près de cinq cents temples, parmi lesquels on distinguait le Panthéon (dans le N. O.); tels étaient les principaux ornements de la capitale de l'empire romain. Le *Forum* était vers le centre de la ville, à l'E. du Capitole.

Les autres principales villes de cette contrée étaient : au N., *Tibur* (Tivoli), sur l'Anio; *Præneste* (Palestrine), capitale des Éques; *Gabies*; *Tusculum* (Frascati), située près du petit lac Régille, et capitale des Latins proprement dits; *Albe la*

Rome. — Le Colisée.

Longue; Ostie, port de Rome, à l'embouchure méridionale du Tibre; *Laurentum; Lavinium;* — à l'O., *Ardée*, capitale des Rutules; — au S., *Suessa Pometia*, capitale des Volsques; *Velitræ* (Velletri), *Antium, Priverne* (Piperno), *Arpinum* (Arpino), *Aquinum* (Aquino), *Anxur* ou *Terracine, Casinum, Minturnes, Cajeta* (Gaëte).

6° Le SAMNIUM, qui, situé à l'E. du Latium et au S. E. du Picenum, touchait au N. à la mer Adriatique, et descendait au S. jusqu'au golfe de Pæstum, formé par la mer Tyrrhénienne. Principaux peuples samnites : les *Vestins*, les *Marrucins*, les *Marses*, les *Samnites* proprement dits, les *Caudins*, les *Hirpins*, les *Picentins*. — Villes : *Teate* (Chieti); *Marrubium, Corfinium, Anxanum, Bénévent, Caudium, Salerne.*

7° La CAMPANIE, resserrée entre le Latium, le Samnium et la mer Tyrrhénienne, et qu'ont peuplée les *Ausones* et les *Osques* ou *Vesques*. — Villes remarquables : *Venafrum* (Venafro), *Teanum* (Teano), *Suessa Aurunca* (Sezza), *Vulturnum, Capoue, Casilinum, Nola, Liternum, Cumes, Puteoli* (Pouzzoles), *Baïes* (Baja), *Naples* ou *Neapolis*, nommée d'abord *Parthénope; Herculanum, Pompeii* ou *Pompeia*, et *Stabiæ*, toutes trois, détruites par l'éruption du Vésuve en l'an 79.

La **Grande-Grèce**, ou **Italie méridionale**, se divisait en quatre parties :

1° L'APULIE (nommée depuis *Pouille* ou *Puglia*), qui s'étendait entre l'Apennin et la mer Adriatique, et qui comprenait le promontoire Garganus. Elle eut pour habitants les *Dauniens*, d'origine grecque, et les *Peucétiens*, regardés comme une branche des Liburniens, venus de l'Illyrie. — Villes principales : *Arpi* ou *Argyripe, Luceria* (Lucera), *Cannes, Canusium* (Canosa), *Venusia* (Venosa).

2° La MESSAPIE ou IAPYGIE, presqu'île resserrée entre le golfe de Tarente et la mer Adriatique. Peuples principaux : les *Messapiens* proprement dits; les *Calabrois*, les *Salentins*. — Villes : *Tarente, Brundusium* (Brindes ou Brindisi).

3° La LUCANIE, entre le golfe de Tarente, à l'E., et la mer Tyrrhénienne, à l'O.; primitivement habitée par les *Œno-*

triens, qui furent chassés par les *Lucaniens*, d'origine samnite. — Villes : *Pæstum* ou *Posidonia* (Pesto); *Helea* ou *Elea*, *Métaponte*, *Héraclée*, *Sybaris* (ensuite *Thurium*).

4° Le BRUTIUM ou BRUTTIUM, qui formait la partie la plus méridionale de l'Italie, c'est-à-dire la presqu'île située au S. O. du golfe de Tarente et resserrée entre la mer Ionienne, la mer de Sicile et la mer Tyrrhénienne. — Villes : *Mamertum* (Oppido); *Scylla* (Scilla), près d'un écueil de même nom; *Rhegium* (Reggio), *Locres*, *Crotone* (Cotrone).

Iles. — La SICILE, que sa forme triangulaire et ses trois caps remarquables (Pélore, Lilybée, Pachynum), aux extrémités N. E., occidentale et S. E., ont fait aussi nommer *Trinacrie*, portait également le nom de *Sicanie*. Les *Lestrygons* et les *Cyclopes* en avaient été, dit-on, les habitants primitifs. Les Phéniciens, les Grecs, les Carthaginois et les Romains y dominèrent tour à tour. — Villes principales : sur le versant du N., *Myles* (Milazzo), *Tyndaris*, *Himera*, *Panorme* (Palerme), *Ségeste* ou *Égeste*, *Drepanum* (Trapani); — sur le versant oriental, *Zancle*, plus tard *Messana* (Messine); *Taurominium* (Taormina), *Catane*, la *Grande* et la *Petite Hybla*, *Leontini* ou *Leontium* (Lentini), *Syracuse*; — sur le versant méridional, *Gela*, *Enna*, *Agrigente* (Girgenti), *Sélinonte*. — Il faut encore remarquer *Lilybée* (Marsala), sur le promontoire de même nom, à l'extrémité occidentale de l'île.

La SARDAIGNE, ou plutôt SARDINIA, fut d'abord appelée *Ichnusa* ou *Sandaliotis* par les Grecs. Elle fut peuplée successivement par des colonies lydiennes, hispaniques, grecques, troyennes, phéniciennes, carthaginoises et romaines. — Villes principales : *Olbia*, *Turris Libissonis*, au N.; *Caralis* (Cagliari), au S.

La CORSE, ou plutôt CORSICA, située au N. de la Sardaigne, et séparée de celle-ci par le détroit de Taphros (Bouches de Bonifacio), était comptée parmi les îles italiennes. Les Grecs l'appelaient *Cyrnos*. — Villes principales : *Nicée* ou *Mariana*, et *Aleria*, à l'E.

Pays sur lesquels s'étendit la puissance romaine. — Au milieu des nombreuses nations belliqueuses répandues dans l'ancienne Italie, on vit s'élever, par-dessus toutes les autres, celle des *Romains*, qui parvint à soumettre la plus grande partie du monde connu.

Auguste augmenta peu les possessions que lui légua la république. Sous Claude et sous Vespasien, la *Britannie* (Grande-Bretagne) fut conquise, sauf la Calédonie. Trajan ajouta à l'empire la *Dacie*.

A l'époque de sa plus grande étendue, sous les Antonins, l'empire comprenait, en Europe :

1° l'Italie, centre de la puissance romaine, et non considérée comme une province :

2° Les provinces impériales ou césariennes, sous la direction immédiate des empereurs ; savoir : la *Gaule* (sans la Narbonnaise)[1], l'*Hispanie* (sans la Bétique), la *Britannie* (sans la Calédonie), la *Vindélicie*, la *Rhétie*, le *Norique* (*Noricum*), la *Pannonie*, l'*Illyrie*, la *Mœsie*, la *Dacie*, la *Thrace*.

3° Les provinces sénatoriales, c'est-à-dire sous la direction du sénat : la *Narbonnaise*, la *Bétique*, la *Corse* et la *Sardaigne*, la *Sicile*, la *Macédoine* (y compris l'*Épire*), l'*Akhaïe* (nom qu'avait pris la Grèce après la conquête romaine).

Au IIIe siècle, fut établie la *Tétrarchie* (la division de l'empire en quatre gouvernements), dans laquelle l'empereur principal, Dioclétien, n'eut pas à administrer de pays européens, mais dirigeait les possessions asiatiques, avec Nicomédie pour capitale ; — Galérius, son César, eut la Thrace, la Mœsie, l'Illyrie, la Macédoine, la Grèce, et sa capitale était Sirmium en Pannonie ; — l'empereur Maximien gouvernait l'Italie et ses îles, la Rhétie, la Vindélicie, une grande partie de la Pannonie ; il résidait à Milan ; — son césar, Constance Chlore, administrait la Gaule, la Britannie, l'Hispanie, et avait pour capitale Trèves.

Au IVe siècle, se formèrent deux empires romains : celui d'Orient et celui d'Occident.

Le premier comprenait deux préfectures : 1° celle d'*Orient*,

---

1. Voyez la Géographie ancienne de la Gaule dans la *Géographie de la classe de 4e*.

divisée en diocèses d'Orient, d'Égypte, d'Asie, de Pont et de Thrace; — 2° celle d'*Illyrie*, contenant les diocèses de Macédoine et de Dacie.

L'empire d'Occident renfermait aussi deux préfectures : 1° celle d'*Italie*, partagée en diocèses d'Italie, d'Illyrie et d'Afrique; — 2° celle des *Gaules*, composée des diocèses des Espagnes, de la Gaule et de la Britannie.

L'empire d'Occident s'éteignit en 476, anéanti par les Barbares du Nord. Celui d'Orient, qui devint le Bas-Empire, dura jusqu'en 1453, et fut, comme nous l'avons dit, détruit par les Turcs.

FIN.

www.ingramcontent.com/pod-product-compliance
Lightning Source LLC
Chambersburg PA
CBHW060206100426
42744CB00007B/1193